PROJET

DE

CODE RURAL.

A PARIS,

DE L'IMPRIMERIE IMPÉRIALE.

1808.

EXTRAIT DES MINUTES
DE LA SECRÉTAIRERIE D'ÉTAT.

A Baïonne, le 19 Mai 1808.

NAPOLÉON, EMPEREUR DES FRANÇAIS, ROI D'ITALIE, et PROTECTEUR DE LA CONFÉDÉRATION DU RHIN ;

Notre Conseil d'état entendu,

NOUS AVONS DÉCRÉTÉ et DÉCRÉTONS ce qui suit :

ART. 1.er

Le Projet de Code rural à nous présenté par notre Ministre de l'intérieur, sera, avant sa discussion en notre Conseil d'état, renvoyé à notre Ministre de l'intérieur, pour être imprimé, ainsi que les motifs à l'appui dudit projet, et communiqué à des commissions consultatives, formées dans le chef-lieu de chaque cour d'appel.

2.

Chaque commission sera présidée par le Préfet du département, et composée du Procureur général, et de trois Juges de la cour d'appel désignés par le Grand-Juge Ministre de la justice, du Président ou du Procureur impérial du tribunal civil du chef-lieu, de deux ou trois membres pris dans les conseils généraux de département du ressort, et désignés par le Ministre de l'intérieur, de deux Juges de paix du ressort de la cour, désignés par le Préfet. Il sera loisible au Préfet d'appeler un ou plusieurs cultivateurs ; ou membres des sociétés d'agriculture.

3.

Ces commissions émettront , dans le délai de deux mois, un avis motivé sur le Projet présenté, et sur les addiditions qu'elles croiront utile d'y faire, soit comme dispositions générales , soit comme applicables seulement à quelques localités , ou comme devant réserver l'exécution des usages locaux.

4.

Leur avis sera imprimé, et renvoyé, par notre Ministre de l'intérieur, à notre Conseil d'état, aux sections de l'intérieur et de législation, déjà chargées par nous de nous présenter le Projet définitif.

Signé NAPOLÉON.

Par l'Empereur :

Le Ministre Secrétaire d'état , signé HUGUES B. MARET;

Pour Ampliation :

Le Ministre de l'intérieur, CRETET.

DISCOURS PRELIMINAIRE.

S i l'agriculture est la source véritable de toute prospérité réelle et de toute richesse effective, elle l'est encore plus particulièrement pour la France, que sa situation et la puissance de fertilité inhérente à son sol semblent avoir destinée à occuper toujours le premier rang parmi les Empires.

Mais ce serait peu que ces ressources abondantes et naturelles, si, par un système de lois sages et fondées sur des principes fixes, la propriété n'était pas consacrée, l'industrie encouragée, et les intérêts particuliers conciliés et réglés de manière à ce qu'ils concourent tous au bien général.

Le Gouvernement, attentif à tout ce qui peut contribuer au développement de la force et de la grandeur de la France, a senti toute l'insuffisance de notre législation à cet égard; il a ordonné, en conséquence, qu'il fût rédigé un *Projet de Code rural*, qui assurât à l'agriculture, cette partie si intéressante de l'économie publique, tout le développement et toute la prospérité dont elle est susceptible.

Pour remplir les vues du Gouvernement, M. le sénateur *Chaptal*, alors ministre de l'intérieur, forma une Commission, qui fut d'abord composée de MM. *Coulomb*, *Just de la Tourette*, *Huzard*, *Tessier*, *Cels* et *de Tournon*.

MM. *Coulomb* et *de Tournon* ayant été appelés à d'autres fonctions, et la Commission ayant eu à regretter encore la perte de M. *Cels*, enlevé par une mort prématurée, M. *de Champagny*, ministre de l'intérieur, adjoignit à la Commission M. *de Divonne*.

La Commission, chargée de cet intéressant travail, en a senti toute l'importance, et ne s'est pas non plus dissimulé toutes les difficultés qu'elle aurait à surmonter.

Lorsqu'elle a voulu jeter les yeux sur l'état actuel de la législation rurale, au lieu de lois elle n'a trouvé que des débris et des ruines, partout des coutumes différentes qui ne se ralliaient à aucun principe, enfin une anarchie générale pesant dans le fait sur toute l'économie rurale.

Cependant cet état de confusion n'a point découragé la Commission; elle a senti qu'il était le résultat naturel et nécessaire des révolutions successives par lesquelles la France avait passé, soit depuis l'établissement du régime féodal jusqu'à la première Assemblée nationale qui l'a détruit, soit depuis cette époque jusqu'au moment mémorable où l'Empereur a fait triompher les principes éternels sur lesquels seuls peut solidement reposer l'édifice de la société humaine.

Plus la tâche qui était imposée à la Commission lui a paru difficile, plus elle a été pénétrée de la nécessité de rassembler tous les moyens à sa portée, et de s'entourer de toutes les lumières qui pouvaient la guider. Sa première opération a été de réclamer le concours des hommes sages et éclairés de toutes les parties de l'Empire, en envoyant dans tous les départemens une série de questions sur tous les points qui pouvaient intéresser la législation rurale.

Elle a trouvé dans les réponses qui lui sont parvenues, des matériaux précieux pour son travail; et si un grand nombre ne lui ont rapporté que les résultats des intérêts locaux et des vues particulières, elles lui ont cependant fourni en masse un moyen suffisant de saisir le vrai fil de l'intérêt général.

En entrant dans la carrière qu'elle avait à parcourir, la Commission s'est proposé de ne jamais perdre de vue ce *principe fondamental :* « Il est du devoir rigoureux de tout législateur, de » maintenir le propriétaire dans toute l'indépendance et la liberté » de jouissance compatibles avec l'intérêt général, et il n'a le droit » d'exiger de lui de sacrifices, qu'autant qu'ils sont nécessaires pour » assurer un plus grand bien dans la société. »

C'est ce principe qui a été son régulateur dans tout le cours de son travail, et c'est d'après lui que chaque article de législation a été scrupuleusement examiné et discuté, avant d'être définitivement arrêté.

Il serait inutile d'entrer ici dans le détail de cet examen, puisque chaque loi proposée dans ce Projet de Code est accompagnée des motifs qui ont déterminé la Commission à l'adopter. Il suffira de dire en peu de mots les difficultés principales qu'elle a eues à vaincre, le plan général qu'elle s'est proposé, et d'indiquer enfin la marche qu'elle a constamment suivie.

La Commission a d'abord considéré la propriété rurale par rapport à chaque individu ; et sous ce premier titre, elle a rangé tout ce qui pouvait être relatif au droit des propriétaires et à ses restrictions.

Elle a considéré ensuite cette propriété rurale par rapport aux intérêts réciproques des propriétaires ; et sous ce second titre, elle a rangé tout ce qui pouvait concerner leurs intérêts communs.

Elle a considéré enfin cette propriété rurale relativement au Gouvernement ; et sous ce troisième et dernier titre, elle a rangé tous les objets dans lesquels l'action du Gouvernement intervient nécessairement, soit pour le maintien de l'ordre, soit pour l'application et l'exécution des lois.

Cette division lui a paru d'autant plus juste, que tous les objets qui peuvent intéresser la législation rurale viennent s'y classer d'eux-mêmes, et qu'elle établit dans le Projet de Code une méthode simple, et qui suit toujours la marche naturelle des idées.

La Commission a tâché de ne jamais s'écarter de l'esprit du Code Napoléon ; et celui qu'elle présente, ne peut être considéré que comme le développement des textes renfermés dans le premier. Cependant, si elle a cherché à ne pas se trouver en contradiction avec ce Code, elle ne peut se dissimuler qu'elle a été quelquefois forcée d'en modifier les principes dans l'application. En effet, le Code Napoléon n'ayant point été destiné à traiter directement et en détail de tout ce qui a rapport à la propriété rurale considérée en elle-même, on a dû s'y borner à rassembler les diverses lois éparses, et à les mettre en harmonie entre elles. Il n'est donc point étonnant que la Commission chargée de rédiger une législation spéciale et détaillée, ait été quelquefois dans le cas de proposer des bases qui ne semblent pas toujours être parfaitement dans la ligne de celles qui sont admises par le Code Napoléon. Mais la direction et l'essor extraordinaire qu'a pris l'agriculture depuis quelques années, ont rendu nécessairement insuffisantes quelques-unes des anciennes lois; et la force même des choses en a nécessité de nouvelles.

Les innovations se feront sur-tout remarquer,

1.º Dans la loi sur la liberté des assolemens, qui a nécessité l'abolition du droit de parcours et de vaine pâture. Ce droit avait sans doute son utilité à l'époque où il fut établi; mais il est devenu aujourd'hui l'abus le plus intolérable, et l'obstacle le plus absolu aux progrès de l'agriculture;

2.º Dans la loi sur les échanges, qu'il est devenu indispensable d'encourager en les facilitant, pour obvier aux inconvéniens graves du morcellement des terres, qui doit s'accroître sans cesse par l'effet de la loi civile qui ordonne les partages égaux. Afin d'atteindre à ce but, la Commission a pensé qu'il était nécessaire de modifier le système hypothécaire en ce qui regarde les échanges, et de les rendre aussi peu dispendieux qu'il serait possible;

3.º Dans la loi sur le mode de jouissance des eaux des rivières qui ne sont ni navigables, ni flottables. Cette partie de la législation, si importante pour l'agriculture, avait toujours été confuse; mais elle l'était devenue bien davantage depuis l'abolition totale de la féodalité : aussi demandait-elle à être reprise en sous-œuvre et à être traitée d'une manière complète, qui embrassât tous les modes de jouissance des eaux, et utilisât, le plus qu'il serait possible, ce grand moyen de fertilisation que nous a donné la nature. C'est pour arriver à ce but que la Commission s'est vue forcée de faire subir quelques modifications notables à ce qui est réglé par l'art. 556 du Code Napoléon sur les attérissemens formés d'une manière successive et imperceptible.

Sans vouloir anticiper sur le jugement qu'on portera de son travail, la Commission ose espérer que lorsqu'on lira les motifs qui l'ont déterminée à adopter les bases qu'elle présente relativement aux divers objets dont on vient de parler, on sera pleinement de son avis. Au moins est-elle assurée qu'on lui rendra la justice qu'elle a senti toute l'importance des questions auxquelles ils ont donné lieu, et qu'elle a, dans leur examen et leur discussion, apporté toute l'attention qu'elles méritaient.

Il s'est présenté, dans le cours du travail de la Commission, une difficulté toujours renaissante, qui a nécessité de sa part l'examen le plus détaillé et la discussion la plus approfondie : il fallait tracer d'une manière juste et précise la ligne de démarcation entre la loi et le réglement, et fixer ce qui était de leur ressort réciproque.

Donner trop à la loi, c'était entraver l'exécution, et contrarier souvent d'une manière fâcheuse la force des circonstances et des localités.

Donner trop au réglement, c'était exposer la propriété à l'arbitraire.

Au milieu de ces écueils, si difficiles à éviter, la Commission espère qu'elle a été assez heureuse pour garder toujours une juste mesure, et concilier ainsi tous les intérêts. Elle a pensé que tout ce qui appartenait aux principes, devait être consacré par la loi ; mais, dans les circonstances où elle a cru que le plus grand bien exigeait que l'application pût en être modifiée, elle a laissé aux principales autorités administratives la faculté de le faire, en développant néanmoins tellement les principes, qu'elles ne pussent en aucun cas s'écarter de leur esprit.

Enfin, la Commission a dû s'attacher à ne pas dépasser les bornes en envahissant sur le domaine des lois civiles, criminelles et commerciales. Les points de contact multipliés qui lient ces diverses branches de la législation générale, rendaient souvent cet inconvénient difficile à éviter. Cependant, la Commission a cherché à se pénétrer tellement de son sujet, elle a mis tant de circonspection dans sa marche, qu'elle espère n'avoir jamais franchi ses limites, tout en remplissant d'une manière complète la tâche qui lui a été confiée.

La Commission est bien éloignée néanmoins de regarder ce Projet

Projet de Code rural.   B de Code rural comme parfait; seulement elle a cette confiance qu'il est tout ce qu'il peut être dans les circonstances actuelles. Les entraves sans cesse renouvelées qu'elle a trouvées dans la force des habitudes agricoles, l'ont convaincue que ce n'était que par une marche progressive qu'on arriverait dans cette partie à tout le bien qu'on peut y faire. Aussi, le soin principal de la Commission a-t-il été de disposer tellement ses bases, que non-seulement elles ne fussent point un obstacle aux améliorations dont le temps rendra, sans doute, la législation rurale susceptible, mais de plus qu'elles contribuassent à faire apercevoir ces améliorations elles-mêmes, et qu'elles en donnassent en quelque sorte le pressentiment et le desir.

Le travail de la Commission est, d'ailleurs, d'une importance trop grande, elle est trop frappée des conséquences qu'il doit avoir relativement à l'ordre social, pour que les petites considérations d'amour-propre puissent avoir sur elle la plus légère influence. Elle se réjouira donc sincèrement si son ouvrage peut acquérir quelques degrés de perfection, dans l'examen qu'en feront les hommes éclairés à la discussion desquels il doit être soumis.

PROJET

DE

CODE RURAL.

DISPOSITION PRÉLIMINAIRE.

ARTICLE Ier

Le Code rural est la réunion des lois qui fixent les droits des propriétaires ruraux, qui déterminent les obligations qu'ils contractent envers le Gouvernement, et celles du Gouvernement à leur égard.

TITRE Ier

DE LA PROPRIÉTÉ RURALE CONSIDÉRÉE POUR CHAQUE PROPRIÉTAIRE SEULEMENT.

CHAPITRE Ier

Assolement, Récoltes.

2. Chaque propriétaire peut, à son gré, assoler ses terres, c'est-à-dire, établir, entretenir et varier ses cultures comme bon lui semble, et avec les instrumens qu'il juge convenables.

3. Les propriétaires ruraux sont libres de faire leurs récoltes aux époques qui leur conviennent, en ne causant toutefois aucun dommage aux propriétaires voisins, et en se conformant à ce qui devra être réglé, par suite des dispositions établies dans le présent Code relativement aux bans de vendanges.

4. Les propriétaires ruraux sont également libres de disposer à leur gré de toutes les productions de leur propriété, en se conformant aux lois et réglemens.

5. Ils peuvent avoir chez eux telle quantité et telle espèce de troupeaux qu'ils croient utiles à la culture et à l'exploitation de leurs terres.

Code Napoléon. Art. 3. Les lois de police et de sûreté obligent tous ceux qui habitent le territoire.

Art. 537. Les particuliers ont la libre disposition des biens qui leur appartiennent, sous les modifications établies par les lois.

Art. 544. La propriété est le *droit de jouir et de disposer des choses de la manière la plus absolue,* pourvu qu'on n'en fasse pas un usage prohibé par les lois ou par les réglemens.

Art. 545. Nul ne peut être contraint de céder sa propriété, *si ce n'est pour cause d'utilité publique,* et moyennant une juste et préalable indemnité.

CHAPITRE II.

Parcours et vaine Pâture.

6. Personne n'a le droit de faire paître ses bestiaux sur le terrain d'autrui, sans une permission expresse des propriétaires.

Les préfets, suivant les circonstances locales, peuvent retarder en tout ou en partie l'exécution du présent article jusqu'au terme de trois années. Ils feront, à ce sujet, tous les réglemens convenables.

7. Si le droit de mener ses bestiaux sur le fonds d'autrui est fondé sur un titre, le propriétaire du fonds peut s'en rédimer moyennant une indemnité réglée par experts.

CHAPITRE III.

Glanage, Grapillage, Ratelage et Chaumage.

8. Personne ne peut glaner, grapiller, rateler et enlever le chaume, sans l'autorisation du propriétaire, sous peine d'une amende qui ne pourra être au-dessous de deux francs.

CHAPITRE IV.

Clôtures.

9. Dans le cas où deux propriétaires limitrophes voudront se clore, ils feront à frais communs la clôture mitoyenne.

Si la clôture se fait par l'un des propriétaires seulement, et qu'elle soit en haies vives ou en murs, il ne pourra l'établir qu'à un demi-mètre de la limite ; si elle est en palissade ou haies sèches, il pourra la placer sur la limite.

10. Les fossés de clôture devront être creusés à un mètre de distance de la limite.

11. Les arbres plantés dans les haies seront soumis aux dispositions relatives aux plantations.

12. Le propriétaire qui veut se clore, est tenu de le faire de manière à ne pas incommoder son voisin, et de ne laisser sur la propriété de ce voisin, ni la terre tirée de ses fouilles, ni les débris des matériaux qui ont servi à construire sa clôture.

Notes marginales :

CODE NAPOLÉON, Art. 648. Le propriétaire qui veut se clore, perd son droit au parcours et à la vaine pâture, en proportion du terrain qu'il y soustrait.

CODE NAPOLÉON, Art. 647. Tout propriétaire peut clore son héritage, sauf l'exception portée en l'article 682.

Art. 682. Le propriétaire dont les fonds sont enclavés, et qui n'a aucune issue sur la voie publique, peut réclamer un passage sur les fonds de ses voisins, pour l'exploitation de son héritage, à la charge d'une indemnité proportionnée au dommage qu'il peut occasionner.

Art. 671 du Code Napoléon.

13. L'émondage des haies vives sera fait aussi souvent qu'il sera nécessaire pour que les branches n'incommodent pas le voisin. Celui-ci ne pourra, à sa commodité, refuser passage sur son fonds au propriétaire de la haie, pour l'enlèvement des branches ou la réparation des murs ou palissades, sauf indemnité s'il y a lieu.

14. Le propriétaire qui veut se clore, fera constater de combien il s'est retiré en faisant sa clôture, afin qu'il ne soit jamais inquiété dans la libre jouissance de sa propriété. Il continuera de jouir à son gré du terrain entre sa limite et sa clôture.

CHAPITRE V.

Domestiques et Ouvriers.

15. Tout individu qui voudra se louer pour les travaux de la campagne, soit qu'il s'engage pour un temps fixe, soit pour l'entreprise d'un travail quelconque, sera tenu d'en faire la déclaration au maire de la commune où il est domicilié. Cette déclaration contiendra les nom, prénoms, âge, lieu de naissance, profession et signalement du déclarant, et sera inscrite sur un registre particulier.

Il sera délivré au déclarant un livret de dix feuillets par le maire; sur le premier sera inscrite sa déclaration, et chaque page sera paraphée par le maire.

Le déclarant paiera un franc pour le livret.

16. Tout propriétaire ou fermier qui voudra louer un domestique ou ouvrier, se fera remettre le livret, et il y inscrira, ou fera inscrire, s'il ne sait pas écrire, l'époque de son entrée à son service et les conditions de son engagement. Il inscrira de plus successivement tout l'argent qu'il lui donnera, soit à titre d'avance, soit pour acquitter ses gages ou son salaire échus.

Lorsque le domestique ou ouvrier quittera son maître, celui-ci inscrira également l'époque de sa sortie et le témoignage de la bonne ou mauvaise conduite qu'il aura tenue jusqu'à ce jour.

17. Tout propriétaire ou fermier qui louera un domestique ou ouvrier non pourvu d'un livret, sera civilement responsable, et obligé à le renvoyer, et à payer une amende de vingt-cinq francs, en cas de plainte.

18. Tout domestique dont l'engagement aura été inscrit sur son livret, et qui quittera son maître contre le gré

CODE NAPOLÉON. — *Du louage d'Ouvrage et d'Industrie.*

Art. 1779. Il y a trois espèces principales de louage d'ouvrage et d'industrie :

1.º Le louage de gens de travail qui s'engagent au service de quelqu'un ;

2.º Celui des voituriers, tant par terre que par eau, qui se chargent du transport des personnes ou des marchandises ;

3.º Celui des entrepreneurs d'ouvrages par suite de devis ou marchés.

Art. 1780. On ne peut engager ses services qu'à temps ou pour une entreprise déterminée.

Art. 1781. Le maître est cru sur son affirmation,

Pour la quotité des gages ;

Pour le paiement du salaire de l'année échue;

Et pour les à-comptes donnés pour l'année courante.

de celui-ci, avant le terme convenu, perdra un mois de ses gages, que le maître lui retiendra.

Si ce sont des ouvriers qui ont fait l'entreprise d'un travail ou d'une exploitation quelconque, telle que les récoltes, et qu'ils l'abandonnent avant d'avoir rempli leur engagement, le maître leur retiendra un douzième du prix convenu pour l'achèvement de l'ouvrage.

19. Un propriétaire ou fermier ne pourra renvoyer un domestique dont l'engagement est inscrit sur son livret, avant le terme convenu, qu'en l'avertissant un mois d'avance, ou en lui payant un mois de gages de plus.

Il ne pourra non plus renvoyer un ouvrier auquel il aura donné l'entreprise d'un ouvrage quelconque, et dont l'engagement aura été inscrit sur le livret, avant l'achèvement de l'ouvrage, ou en lui donnant, outre la partie de paiement qui lui revient, un douzième du prix convenu.

20. Tout domestique ou ouvrier qui aurait un faux livret, ou qui le falsifierait, soit en l'effaçant, soit en ajoutant ou soustrayant ce qui y est inscrit, sera poursuivi par-devant le juge de paix.

21. Les ouvriers qui travaillent à la journée, ou qui se louent pour les diverses récoltes, ne sont point tenus à avoir de livret.

Dans toutes les discussions relatives à cette dernière espèce d'ouvriers, le maître est cru sur son affirmation.

CHAPITRE VI.

Pigeons bisets.

22. Nul ne pourra entretenir de pigeons bisets, à moins qu'il ne possède, dans une distance de deux kilomètres au plus de son colombier, cinquante hectares de terres en culture.

Chacun peut entretenir des pigeons de volière.

23. Quiconque détruira ou volera des pigeons de quelques espèces qu'ils soient, sera condamné à trois francs d'amende pour chaque pigeon.

CHAPITRE VII.

Des Animaux et des Objets immeubles insaisissables,
&c. &c.

24. « Les objets que le propriétaire d'un fonds y a

CODE NAPOLÉON. Art. 514. Sont immeubles, &c. les pigeons de colombiers.

Art. 424. Les pigeons, &c. qui passent dans un *autre colombier* appartiennent au propriétaire *de cet objet*, pourvu qu'ils n'y aient point été attirés par fraude et artifice.

Voyez art. 273.

» placés pour le service et l'exploitation de ce fonds, sont
» immeubles par destination.

» Ainsi sont immeubles par destination, quand ils ont
» été placés par le propriétaire pour le service et l'exploita-
» tion du fonds,

» Les animaux attachés à la culture,

» Les ustensiles aratoires,

» Les semences données aux fermiers ou colons partiaires ,

» Les pigeons des colombiers,

» Les lapins des garennes,

» Les ruches à miel,

» Les poissons des étangs,

» Les pressoirs, chaudières, alambics, cuves et tonnes ;

» Les ustensiles nécessaires à l'exploitation des forges,
» papeteries et autres usines,

» Les pailles et engrais.

» Sont aussi immeubles par destination tous effets mobi-
» liers que le propriétaire a attachés au fonds à perpétuelle
» demeure. » *(Code Napoléon, art. 524.)*

25. Tous les objets mentionnés dans l'article 524 du
Code Napoléon ne peuvent être saisis ni vendus pour contributions publiques, et ils ne peuvent l'être pour aucune
cause de dettes, si ce n'est pour l'acquittement de la créance
du propriétaire ; et ces objets sont toujours les derniers que
l'on doit saisir, en cas d'insuffisance d'autres objets mo-
biliers.

Vers à soie.

26. Les vers à soie , ainsi que les feuilles de mûrier
nécessaires à leur nourriture, sont aussi déclarés immeubles
et insaisissables, et sont entièrement assimilés aux objets
ci-dessus.

Essaims.

27. Le propriétaire d'un essaim a droit de suite sur cet
essaim, et par conséquent de le réclamer et de le prendre
tant qu'il ne l'a pas perdu de vue ou qu'il n'a pas cessé de
le suivre, en prévenant par cris ou bruit quelconque.

Si pour exercer ce droit de suite il commet des dégats,
il est tenu de les payer.

28. Dans le cas où le droit de suite n'aurait pas été
exercé, l'essaim appartient au propriétaire du terrain sur
lequel il s'est fixé.

CODE NAPOLÉON. Art. 1382. Tout fait
quelconque de l'homme qui cause à autrui un
dommage, oblige celui par la faute duquel il
est arrivé à le réparer.

Art. 1383. Chacun est responsable du dommage qu'il a causé, non seulement par son
fait, mais encore par sa négligence ou par son
imprudence,

CHAPITRE VIII.

Chèvres.

29. Ceux dont les chèvres seront trouvées sur le terrain d'autrui, paieront pour chaque chèvre une amende de trois francs au moins, sans préjudice des dommages, s'il y a lieu.

Les gardiens seront punis de vingt-quatre heures de détention au moins, et de trois jours au plus.

30. Lorsque la chèvre ne pourra être saisie, ou que le propriétaire sera inconnu, les gardes communaux sont autorisés à la tuer.

Les gardes des particuliers, dans les mêmes circonstances, ont le même droit pour les chèvres qu'ils trouveront sur le terrain commis à leur garde.

Les uns et les autres sont tenus d'en dresser procès-verbal, conformément aux articles 135 et 136 *sur les Devoirs des Gardes ruraux.*

31. Dans les pays où l'usage est de conduire les chèvres en troupeau, les propriétaires de chèvres sont solidairement responsables des dommages qu'elles pourraient causer; et le gardien, dont la nomination devra être approuvée par le maire, sera puni d'une détention de trois jours au moins, et qui sera proportionnée à l'importance des dégats commis.

32. Les préfets pourront accorder aux communes la permission de faire conduire leurs chèvres en troupeau, et ils feront à ce sujet les réglemens convenables aux localités.

TITRE II:

TITRE II.

DE LA PROPRIÉTÉ RURALE CONSIDÉRÉE POUR TOUS LES PROPRIÉTAIRES ENTRE EUX.

CHAPITRE I.ᵉʳ

Échanges.

33. A dater de six mois après la publication de la présente loi, le droit d'enregistrement sur les échanges de propriété rurale est supprimé, si les biens échangés sont de même valeur, leur valeur étant légalement constatée.

Sur la soulte, s'il y en a une, le droit d'enregistrement sera perçu comme sur une vente.

34. Les échanges, conformément à la loi, sont déclarés au bureau d'enregistrement ; et les parties y déposent le rapport des experts qui auront été nommés pour constater légalement la valeur des biens échangés.

Les parties et les experts seront solidairement responsables de la fraude, aux termes de la loi sur les hypothèques.

35. Lorsqu'un des biens autour d'eux sera grevé d'hypothèques spéciales, les parties ne pourront procéder à l'échange qu'après avoir obtenu préalablement le consentement des hypothécaires.

36. Si l'hypothèque est générale et que les biens à échanger soient d'une valeur égale, l'échange pourra avoir lieu sans l'intervention des hypothécaires.

Toutefois les échangeurs seront obligés de constater et de faire signifier aux hypothécaires que les biens échangés sont d'une valeur égale à celle du bien sur lequel existait l'hypothèque.

Dans le cas où le nouveau gage proposé serait d'une valeur inférieure à celle du bien sur lequel existait l'hypothèque, le créancier aura le droit de s'opposer à l'échange, à moins qu'il ne consente à recevoir le remboursement d'une partie de la créance, en raison de la différence de valeur du nouveau gage qu'il aura par l'échange.

37. L'échange étant consommé, les biens sur lesquels

Projet de Code rural.　　　　　　　　　C

NOTA. Le Code rural n'établit rien sur les diverses manières d'acquérir, de transmettre, de louer, &c. la propriété rurale, parce que ces objets sont suffisamment traités par le Code Napoléon.

CODE NAPOLÉON. Art. 1702. L'échange est un contrat par lequel les parties se donnent respectivement une chose pour une autre.

Art. 1703. L'échange s'opère par le seul consentement, de la même manière que la vente.

Art. 1704 et 1705. (Relatifs au cas où l'un des contractans n'est pas propriétaire de la chose échangée, &c. &c.)

Art. 1706. La rescision, pour cause de lésion, n'a pas lieu dans le contrat d'échange.

Art. 1707. Toutes les autres règles prescrites pour le contrat de vente s'appliquent d'ailleurs à l'échange.

Art. 2114. L'hypothèque est un droit réel sur les immeubles affectés à l'acquittement d'une obligation.

Elle est, de sa nature, indivisible, et subsiste en entier sur tous les immeubles affectés sur chacun et sur chaque portion de ces immeubles.

Elle les suit dans quelques mains qu'ils passent.

Art. 2116. Elle est ou légale ou judiciaire ou conventionnelle.

CODE NAPOLÉON. Art. 2183. Si le nouveau propriétaire veut se garantir de l'effet des poursuites autorisées dans le chapitre VI du présent titre, il est tenu, soit avant les poursuites, soit dans le mois au plus tard, à compter de la première sommation qui lui est faite, de notifier aux créanciers aux domiciles par eux élus dans leurs inscriptions,

1.º Extrait de son titre, contenant seulement la date et la qualité de l'acte ; le nom et la désignation précise du vendeur ou du donateur ; la nature et la situation de la chose vendue ou donnée ; et, s'il s'agit d'un corps de biens, la dénomination générale seulement du domaine et des arrondissemens dans lesquels il est situé ; le prix et les charges faisant partie du prix de la vente, ou l'évaluation de la chose, si elle a été donnée ;

2.º Extrait de la transcription de l'acte de vente ;

3.º Un tableau sur trois colonnes, dont la première contiendra la date des hypothèques et celle des inscriptions ; la seconde, le nom des créanciers ; la troisième, le montant des créances inscrites.

Art. 2184. L'acquéreur ou le donataire déclarera, par le même acte, qu'il est prêt à acquitter sur-le-champ les dettes et charges hypothécaires, jusqu'à concurrence seulement du prix, sans distinction des dettes exigibles ou non exigibles.

l'hypothèque était primitivement inscrite, en seront totalement dégrevés.

Tous les frais relatifs au transport de l'hypothèque seront à la charge de celui dont le bien en était grevé avant l'échange.

CHAPITRE II.

Bornage.

38. « Tout propriétaire peut obliger son voisin au bornage de leurs propriétés contiguës : le bornage se fait à frais communs. » (*Article 646 du Code Napoléon.*)

39. Dans le cas où un propriétaire réclamerait contre le placement d'une borne, les frais de la vérification seront supportés en entier par lui, si sa réclamation n'est pas fondée.

Dans le cas contraire, les frais seront payés en commun, à moins qu'on ne prouve qu'une des parties, ayant déplacé la borne, se trouve dans le cas prévu par l'article 157 au chapitre *de la Police rurale.*

40. Les propriétaires riverains, étant d'accord, procéderont au bornage de leurs propriétés, comme ils le jugeront convenable.

En cas de contestation, le juge de paix nommera des experts et prononcera sur leur rapport.

41. A défaut de titres, de bornes et de tous autres renseignemens, les experts procéderont d'après la notoriété publique.

CHAPITRE III.

Cours d'eau.

SECTION I.re

Des Sources.

CODE NAPOLÉON. Art. 641. Celui qui a une source dans son fonds peut en user à sa volonté, sauf le droit que le propriétaire du fonds inférieur pourrait avoir acquis par titre ou par prescription.

Art. 642. La prescription, dans ce cas, ne peut s'acquérir que par une jouissance non interrompue de trente années, à compter du moment où le propriétaire du fonds inférieur a fait et terminé des ouvrages apparens destinés à faciliter la chute et le cours de l'eau dans sa propriété.

42. Lorsqu'il sera constaté contradictoirement qu'un propriétaire ou autre aura intercepté et se sera approprié une source ayant eu jusqu'alors son issue sur la propriété d'autrui, il y aura lieu à indemnité, et les choses seront remises sans délai dans l'état où elles étaient.

43. L'indemnité sera réglée par le juge de paix, d'après le rapport d'experts, à raison du dommage causé au propriétaire de la source.

Le dommage sera évalué à raison de la diminution du produit présent, s'il en existe un, et, dans le cas contraire, à raison de la dépense faite, mais jugée indispensable pour obtenir des produits.

44. Il n'y aura pas lieu à indemnité, lorsqu'un propriétaire, en creusant un puits destiné seulement aux usages domestiques, détournera une source.

Toutefois, s'il y a possibilité et convenances, le propriétaire de la source détournée aura le droit de prendre de l'eau dans ce puits pour les besoins domestiques.

45. Celui qui, par un moyen quelconque, causera l'altération ou la diminution d'une source employée aux usages publics, sera tenu de la rendre sans délai à son état précédent.

Il pourra, suivant les circonstances, être condamné à une amende de cent à mille francs, et aux dommages.

46. Lorsqu'un propriétaire aura donné issue à une source dans un lieu où elle n'existait pas auparavant, il requerra la nomination d'experts, pour déterminer le cours à lui donner.

Ce cours sera tracé dans le lieu le moins dommageable; et le propriétaire indemnisera préalablement ceux auxquels il causerait quelque préjudice, et garantira tous les dommages qui pourraient arriver par son fait.

Si la source est sortie par force majeure, il n'y aura pas d'indemnité pour le cours à lui donner.

Section II.

De la Propriété du lit des Cours d'eau.

47. Le lit des cours d'eau non navigables et non flottables fait partie de chaque propriété riveraine.

L'eau de ces cours appartient à tous ceux qui ont le droit d'en réclamer la jouissance.

48. A la réception de la loi, la ligne de démarcation de ces lits, pour chaque propriétaire riverain, sera tracée au milieu du courant de ces cours d'eau, d'après les règles prescrites pour le bornage.

Cette ligne, les propriétaires des deux rives opposées étant d'accord, pourra cependant suivre une autre direction.

Code Napoléon. Art. 643. Le propriétaire de la source ne peut en changer le cours, lorsqu'il fournit aux habitans d'une commune, village ou hameau, l'eau qui leur est nécessaire; mais si les habitans n'en ont pas acquis ou prescrit l'usage, le propriétaire peut réclamer une indemnité, laquelle est réglée par experts.

Code Napoléon. Art. 640. Les fonds inférieurs sont assujettis, envers ceux qui sont plus élevés, à recevoir les eaux qui en découlent naturellement, sans que la main de l'homme y ait contribué.

Le propriétaire inférieur ne peut point élever de digue pour empêcher cet écoulement.

Le propriétaire supérieur ne peut rien faire qui aggrave la servitude du fonds inférieur.

Code Napoléon. Art. 538. Les chemins, routes et rues à la charge de l'État, les fleuves et rivières navigables ou flottables, les rivages, lais et relais de la mer, les ports, les havres, les rades, et généralement toutes les portions du territoire français qui ne sont pas susceptibles d'une *propriété privée*, sont considérés comme des dépendances du domaine public.

Art. 644. Celui dont la propriété borde une eau courante, autre que celle qui est déclarée dépendance du domaine public par l'art. 538, peut s'en servir à son passage pour l'irrigation de ses propriétés. Celui dont cette eau traverse l'héritage, peut même en user dans l'intervalle qu'elle y parcourt, mais à la charge de la rendre, à la sortie de ses fonds, à son cours ordinaire.

CODE NAPOLÉON. Art. 551. Tout ce qui s'unit et s'incorpore à la chose, appartient au propriétaire, suivant les règles qui seront ci-après établies.

Art. 556. Les attérissemens et accroissemens qui se forment successivement et imperceptiblement aux fonds riverains d'un fleuve ou d'une rivière, s'appellent *alluvion*. L'alluvion profite au propriétaire riverain, soit qu'il s'agisse d'un fleuve ou d'une rivière navigable, flottable ou *non*, à la charge, dans le premier cas, de laisser le marchepied ou chemin de halage, conformément aux réglemens.

Art. 557. Il en est de même des relais que forme l'eau courante qui se retire insensiblement de l'une de ses rives en se portant sur l'autre. Le propriétaire de la rive découverte profite de l'alluvion, sans que le riverain du côté opposé y puisse venir reclamer le terrain qu'il a perdu. Ce droit n'a pas lieu à l'égard des relais de la mer.

Art. 558. L'alluvion n'a pas lieu à l'égard des lacs et étangs, &c. &c. &c.

Art. 559. Si un fleuve ou une rivière navigable ou *non* enlève par une force subite une partie considérable et reconnaissable d'un champ riverain, et la porte vers un champ inférieur ou sur la rive opposée, le propriétaire de la partie enlevée peut reclamer sa propriété; mais il est tenu de former sa demande dans l'année : après ce délai il n'y sera plus recevable, à moins que le propriétaire du champ auquel la partie enlevée a été unie n'eût pas encore pris possession de celle-ci.

Art. 561. Les îles et attérissemens qui se forment dans les rivières non navigables et non flottables, appartiennent aux propriétaires riverains du côté où l'île s'est formée. Si l'île n'est pas formée d'un seul côté, elle appartient aux propriétaires riverains des deux côtés, à partir de la ligne qu'on suppose tracée au milieu de la rivière.

Art. 562. Si une rivière ou un fleuve, en se formant un bras nouveau, coupe et embrasse le champ d'un propriétaire riverain et en fait une île, ce propriétaire conserve la propriété de son champ, encore que l'île se soit formée dans un fleuve ou dans une rivière navigable ou flottable.

Art. 563. Si un fleuve ou une rivière navigable, flottable ou *non*, se forme un nouveau cours en abandonnant son ancien lit, les propriétaires des fonds nouvellement occupés prennent, à titre d'indemnité, l'ancien lit abandonné, chacun dans la proportion du terrain qui lui a été enlevé.

49. Quelques changemens qui arrivent par la suite dans la direction du cours de ces eaux, cette ligne fixera invariablement la limite entre les propriétés riveraines.

Elle sera rendue reconnaissable par tous les moyens que fourniront les circonstances locales.

50. Si l'un des propriétaires prouvait, dans le délai de six mois à dater de la publication de la loi, que par des déplacemens des cours d'eau arrivés depuis moins de vingt ans, il a perdu plus de la moitié du terrain qu'il possédait avant ces déplacemens, la limite entre ces propriétaires sera tracée de manière à rétablir les choses dans l'ancien état, sans avoir égard à la position actuelle du cours d'eau.

51. Celui des deux propriétaires opposés, qui, par ce rétablissement, perdra la portion du terrain acquis depuis moins de vingt ans par le déplacement du cours d'eau, sera remboursé, à dire d'experts, par le propriétaire à qui ce terrain sera restitué, de la valeur des travaux de dépense et des améliorations dont profitera le prenant.

52. La jouissance de l'eau, suivant le droit de chacun, étant indépendante de la propriété du lit, le propriétaire du terrain qui cesserait d'atteindre le bord de l'eau, conserve irrévocablement le droit d'en jouir, comme avant le déplacement du cours de l'eau. Le propriétaire interposé entre lui et le cours de l'eau, est tenu de lui livrer un passage, sauf les indemnités prescrites par les articles 43 et 46.

SECTION III.

De la Jouissance des Eaux.

53. Nul ne peut changer la direction d'un cours d'eau, ralentir ou accélérer son courant, qu'autant que ce changement ne nuit pas à autrui.

54. Tous les riverains ont à la jouissance des eaux qui bordent leur propriété, ou qui la traversent, un droit proportionnel à l'étendue de cette propriété.

Ils peuvent jouir de ces eaux à leur gré, sauf à ne rien faire qui nuise aux autres, et à rendre les eaux à leur lit naturel.

55. Tous les partages d'eaux faits d'après des titres, ou ayant acquis prescription, sont irrévocables, et nul ne peut entrer en partage au préjudice des possesseurs actuels.

S'il n'y a ni titre ni prescription acquise, les intéressés pourront demander un nouveau partage.

56. Ceux qui voudront entrer en partage des eaux dont jouissent d'autres riverains, s'adresseront au juge de paix, qui, après s'être assuré qu'il n'y a ni titre ni prescription en faveur des possesseurs actuels, procédera, sauf appel et des experts entendus, au partage entre tous les riverains, d'après la quantité d'eau et l'étendue de la propriété de chacun.

Ce réglement sera perpétuel, et chacun demeurera propriétaire de la portion d'eau qui lui aura été accordée, sauf à la rendre à son lit naturel.

57. Nul ne peut, sans le consentement des copartageans, faire aucun changement, qui puisse les intéresser, à la manière dont il jouit de l'eau d'après le partage ou l'usage ancien.

58. Les copartageans jouissant à quelque titre que ce soit, ne pourront empêcher leurs voisins ou autres de puiser l'eau nécessaire à leurs besoins domestiques.

Il en sera de même des propriétaires de canaux pour les riverains qui les bordent, pourvu qu'il n'en résulte aucune dégradation.

59. Lorsque, parmi ceux qui réclameront un partage d'eau, il se trouvera des propriétaires d'usines, d'étangs et de terrains arrosables, jouissant déjà, mais sans titre ni prescription, d'une portion d'eau, il en sera définitivement

CODE NAPOLÉON. Art. 644. Celui dont la propriété borde une *eau courante*, autre que celle qui est déclarée dépendance du domaine public par l'article 538 (au titre *de la Distinction des biens*), peut s'en servir à son passage pour l'irrigation de ses propriétés.

Celui dont cette eau traverse l'héritage peut même en user dans l'intervalle qu'elle y parcourt; mais à la charge de la rendre, à la sortie de ses fonds, à son cours ordinaire.

Art. 645. S'il s'élève une contestation entre les propriétaires auxquels ces eaux peuvent être utiles, les tribunaux, en prononçant, doivent concilier l'intérêt de l'agriculture avec le respect dû à la propriété; et, dans tous les cas, les réglemens particuliers et locaux sur le cours et l'usage des eaux doivent être observés.

CODE NAPOLÉON. Art. 651. La loi assujettit les propriétaires à différentes obligations l'un à l'égard de l'autre, indépendamment de toute convention.

Art. 652. Partie de ces obligations est réglée par les lois sur la police rurale, &c, &c.

accordé à chacun d'eux une quantité proportionnée au revenu net existant ou présumable de leur usine, étang ou terrain arrosable.

60. Les ouvrages d'art pour clore et conduire les eaux, doivent être construits et entretenus par les coïntéressés, en raison de la quantité d'eau dont ils jouissent ordinairement, à moins de titres ou conventions contraires.

61. Un des riverains voulant jouir de l'eau, a le droit d'appuyer sur la propriété du riverain opposé, les ouvrages d'art nécessaires à la prise de l'eau, en l'indemnisant à dire d'experts, et en garantissant tous les dommages qui peuvent résulter de cet appui.

Le propriétaire qui souffre l'appui, pourra rendre la prise d'eau commune en payant la moitié de la somme qu'elle a coûté, estimée par experts, et en remboursant l'indemnité par lui reçue.

La garantie des dommages à venir cessera dès ce moment.

62. Lorsque le Gouvernement, après avoir pris l'avis des autorités locales, reconnaîtra qu'un canal entrepris par un ou plusieurs propriétaires est d'une utilité générale, il pourra obliger les propriétaires des terrains que ce canal devra nécessairement traverser, d'en céder la portion indispensable, après avoir été remboursés de la valeur du terrain cédé, et avoir reçu, en outre, une indemnité du cinquième de cette somme.

Tous les dommages à venir seront garantis.

Les propriétaires des terrains cédés n'acquerront par cette cession aucune espèce de droit sur les eaux de ce canal.

SECTION IV.

De la Police des Eaux.

63. L'inspecteur des chemins vicinaux est chargé de veiller à l'observation des lois relatives aux cours d'eau, et d'en dénoncer au sous-préfet toutes les contraventions.

Il visitera fréquemment les prises d'eau et les repéres des usines.

Il pourra, dans les cas urgens, requérir du maire les mesures provisoires de police que les circonstances exigeront.

64. Nul ne peut établir de moulin ou autre usine ayant besoin de l'action des eaux, sans l'autorisation du préfet, qui s'assurera, avant de l'accorder, que cet établissement ne

---

CODE NAPOLÉON. Art. 651. La loi assujettit les propriétaires à différentes obligations l'un à l'égard de l'autre, indépendamment de toute convention.

Art. 652. Partie de ces obligations est réglée par les lois sur la police rurale.

CODE NAPOLÉON. Art. 545. Nul ne peut être contraint de céder sa propriété, si ce n'est pour cause d'utilité publique, et moyennant une juste et préalable indemnité.

peut porter aucun préjudice, soit aux propriétaires voisins, soit au public.

En cas d'opposition, l'affaire sera soumise au Conseil d'état.

65. Des marques solides et apparentes seront placées pour indiquer la hauteur des vannes et déversoirs, et le niveau superficiel de l'eau.

Les ingénieurs se conformeront, pour la fixation du point d'eau, à ce qui est établi par les titres ou l'usage ancien; et, à ce défaut, ils le fixeront d'après les localités.

Ceux qui déplaceraient ou enleveraient les marques du niveau d'eau, seront punis comme ceux qui déplacent ou enlèvent des bornes.

66. Dans le cas où des usines auraient absolument besoin, pour être en activité, d'un point d'eau trop élevé et nuisible à autrui, le Gouvernement pourra en ordonner la destruction, si ce point d'eau n'est pas établi par des titres ou par la prescription.

S'il y a titres ou prescription en faveur de ce point, ou si l'usine est d'une utilité indispensable au pays, elle sera conservée; mais le propriétaire sera tenu d'indemniser à dire d'experts, et de garantir tous dommages à ceux qui souffrent de la trop grande élévation des eaux.

67. Dans le cas où, par une cause quelconque, un cours d'eau ne pourrait suffire aux besoins de tous les usages, les préfets pourvoiront à ce que les eaux soient principalement destinées aux usages domestiques et aux moulins à farine.

Ils veilleront à ce que chacun soit rétabli dans ses droits aussitôt que les besoins publics seront satisfaits.

68. Chacun peut, à son gré, défendre sa propriété, pourvu que par ses travaux il ne nuise pas aux propriétés d'autrui.

69. Ceux qui défricheront les bords des cours d'eau actuellement plantés en bois ou broussailles de quelque espèce qu'ils soient, sans l'autorisation du préfet, paieront une amende de cent à trois cents francs, suivant les circonstances.

70. Le curage des rivières sera, aux époques et de la manière réglées par les arrêtés des préfets, effectué par les propriétaires d'usines et des terrains, en raison de l'intérêt qu'ils y auront.

SECTION V.

Des Travaux qui intéressent plusieurs Propriétaires.

7 I. Lorsque plusieurs propriétaires seront intéressés à faire en commun des travaux quelconques, ils se réuniront et inviteront à se joindre à eux tous ceux qui ont quelque intérêt à l'entreprise projetée.

Un seul intéressé, ou même l'autorité publique, peut demander la réunion des intéressés.

72. Les propriétaires qui seront d'accord, formeront un tableau de toutes les propriétés qui doivent profiter de l'entreprise, et de l'étendue de chacune d'elles.

Ils régleront entre eux le nombre des votes qui doivent être attachés à chaque propriété ou partie de propriété, en raison de son étendue, et de l'avantage qu'elle doit tirer de l'entreprise.

En cas de différends, le juge de paix se transportera sur les lieux pour dresser le tableau et régler le nombre de votes de chaque intéressé.

Le tableau, qu'il soit fait par les intéressés ou par le juge de paix, sera communiqué à tous les intéressés, et leurs réclamations jugées par le juge de paix, sauf appel s'il y a lieu.

Le jugement du juge de paix sera provisoirement exécuté.

73. Dans toutes les assemblées des intéressés, les délibérations seront prises à la majorité des votes.

Les absens avertis, trois jours à l'avance, du lieu et du temps de l'assemblée, et qui ne donneront leurs votes ni par procureur ni par écrit, ne seront pas comptés.

74. Les délibérations de la majorité obligent la minorité présente et tous les absens.

CHAPITRE IV.

Chemins vicinaux.

SECTION I.re

Réparations.

75. Les chemins vicinaux sont divisés en trois classes; savoir :

1.° Chemins d'arrondissement;

2.° Chemins et sentiers communaux;

3.° Chemins et sentiers des particuliers.

76. Dans le délai de six mois après la publication de la

présente

CODE NAPOLÉON. Art. 650. Celles (les servitudes) établies pour l'utilité publique ou communale, ont pour objet, le marchepied le long des rivières navigables ou flottables, *la construction ou réparation des chemins*, et autres ouvrages publics ou communaux.

Tout ce qui concerne cette espèce de servitude est déterminé par des *lois* ou des *réglemens particuliers.*

Art. 538. Les chemins, routes et rues à la charge de l'État, &c., et généralement toutes les portions du territoire français qui ne sont pas susceptibles d'une propriété privée, sont considérés comme des dépendances du domaine public.

présente loi, le conseil municipal de chaque commune dressera l'état de tous les chemins situés sur son territoire, autres que ceux qui, ne servant qu'à des particuliers, doivent rester à leur charge.

77. Les préfets chargeront les ingénieurs de vérifier les états présentés par les conseils municipaux, et de désigner ceux des chemins qui, par leur importance, doivent être considérés comme chemins d'arrondissement; les autres restent à la charge des communes.

Le sous-préfet, le conseil d'arrondissement et le préfet, donneront leur avis sur la désignation faite par les ingénieurs; et le conseil général du département décidera.

Si les communes ou les particuliers font des réclamations, le conseil général y fera droit, d'après l'avis du conseil d'arrondissement et des autorités compétentes.

78. L'ouverture d'un nouveau chemin d'arrondissement sera ordonnée par le conseil général, d'après l'avis du conseil d'arrondissement, du sous-préfet et du préfet.

Les fonds pour la confection d'un nouveau chemin vicinal d'arrondissement, seront fournis par tout l'arrondissement, en vertu d'une loi spéciale.

L'ouverture d'un nouveau chemin communal sera ordonnée par le sous-préfet, sur la demande de la commune.

79. Les chemins d'arrondissement seront entretenus par toutes les communes composant l'arrondissement, au moyen d'une portion de leurs revenus ordinaires, et, en cas d'insuffisance, au moyen d'une taxe spéciale de six francs, au *maximum*, par tête de bête de labour ou de transport. *Voyez* article 82.

Les rôles de cette taxe seront dressés par les maires, et rendus exécutoires par les sous-préfets.

Les contestations qui auront lieu à cet égard, seront jugées comme celles relatives aux autres contributions.

La portion des revenus des communes affectée aux réparations des chemins d'arrondissement, sera la moitié de l'excédant de ces revenus, les dépenses d'administration acquittées.

Les fonds destinés à l'entretien des chemins d'arrondissement seront versés dans une caisse commune, et uniquement consacrés à cet entretien.

80. Il sera formé un fonds de secours pour les réparations extraordinaires.

Les caisses d'arrondissement de chaque département y

Projet de Code rural.   D

contribueront, à raison de cinq centimes par franc des sommes qu'elles verseront.

L'emploi de ce fonds sera réglé par le conseil général du département.

81. Les réparations des chemins d'arrondissement seront ordonnées par les sous-préfets, sur le rapport des ingénieurs.

Elles seront adjugées au rabais.

Les maires sont spécialement chargés de surveiller les entrepreneurs.

Assistés de l'ingénieur ou de son préposé, et des quatre membres du conseil municipal les plus imposés, ils recevront les ouvrages, et les déclareront conformes ou non au devis.

82. Les ingénieurs, présenteront chaque année, aux conseils d'arrondissement, le devis des ouvrages à faire sur les chemins d'arrondissement. Les conseils voteront les sommes nécessaires, et les répartiront entre chaque commune, de manière qu'en aucun cas le *maximum* de la taxe fixée par l'article 79 ne soit dépassé.

Les délibérations des conseils d'arrondissement devront être approuvées par le conseil général.

83. La taxe d'entretien des routes devra être acquittée avant le 15 mars.

Les préfets régleront le mode d'adjudication et de paiement, et l'époque à laquelle se feront les travaux.

Ils soumettront à l'approbation du conseil général, toutes les pièces relatives aux travaux faits dans l'année précédente, et le tableau des sommes y employées.

Si la somme dépensée est moindre que celle qui a été votée, l'excédant sera imputé sur la somme à voter pour l'année suivante.

84. Les chemins communaux seront entretenus par les communes sur le territoire desquelles ils sont situés, au moyen de la moitié de l'excédant de leurs revenus, les dépenses de l'administration acquittées.

En cas d'insuffisance, il y sera pourvu par une taxe particulière, payable en argent ou en journées de travail, à imposer comme dans l'article 79.

Les préfets sont chargés de fixer cette taxe tous les ans, en proportion des dépenses à faire, et de régler tout ce qui concerne les chemins communaux.

85. Chaque année les préfets désigneront un ingénieur pour inspecter les chemins vicinaux du département. Cet

ingenieur sera spécialement chargé de constater l'état des chemins, et d'en rendre compte au préfet.

Les préfets régleront tout ce qui est relatif aux fonctions de l'ingénieur chargé de l'inspection spéciale des chemins vicinaux, et ils leur accorderont des gratifications proportionnées à leurs travaux.

Ces gratifications seront prises sur les fonds destinés à l'entretien des chemins communaux.

86. Les conseils municipaux de chaque commune vérifieront les sertiers pratiqués sur leur territoire, soit pour le passage des bestiaux, soit pour celui des hommes à pied. Ils dresseront état de tous ceux qui, par leur ancienneté et par leur utilité, doivent être conservés; et ceux-là seront considérés comme *chemins communaux*.

Les autres devront être considérés comme sentiers des particuliers, et pourront être abolis au gré des intéressés.

En cas de réclamation de la part des propriétaires des terrains sur lesquels les sentiers seront maintenus, il en sera donné avis au sous-préfet, qui nommera, pour en décider, des experts étrangers à la commune où sont situés ces terrains.

87. Les chemins et sentiers des particuliers seront construits et entretenus à leurs frais, en proportion de l'utilité dont ils sont à chacun des intéressés.

Les juges de paix obligeront au paiement de leur quote-part ceux des intéressés qui s'y refuseraient.

88. Les chemins d'arrondissement sont une propriété départementale.

Ils ne pourront être déplacés ou rétrécis en aucune manière, sans l'autorisation du conseil général, qui prononcera d'après la demande faite par le conseil d'arrondissement, et sur les avis des ingénieurs, du sous-préfet et du préfet.

Les chemins communaux sont une propriété communale.

Les communes pourront, sur la demande d'un ou de plusieurs particuliers, consentir à leur déplacement ou à leur suppression.

La délibération du conseil municipal devra être approuvée par le conseil d'arrondissement, qui prendra, à ce sujet, l'avis de l'ingénieur et du sous-préfet.

Les chemins des particuliers, qui servent à plusieurs propriétaires, ne pourront être déplacés ou supprimés que du consentement de la majorité de ces propriétaires et de l'approbation du conseil municipal, la minorité entendue.

Section II.

Police.

89. Nul ne peut rien faire qui dégrade ou qui puisse dégrader les chemins vicinaux.

Nul ne pourra creuser de canal d'irrigation ou autre, ni faire aucune fouille, qu'en observant la distance du bord des chemins, qui sera déterminée par les autorités locales.

90. Les conseils municipaux et ceux d'arrondissement, sur le rapport de l'ingénieur chargé de l'inspection des chemins vicinaux, détermineront quels seront ceux qui sont susceptibles d'être plantés : les communes pourvoiront à leur plantation, en suivant les formes prescrites par l'article 81, relatives aux réparations des chemins, et en observant les distances déterminées pour les plantations entre propriétaires voisins.

Les propriétaires riverains seront également tenus de ne planter qu'aux distances déterminées par les lois sur les plantations, en se conformant aussi aux lois sur les clôtures.

91. Les préfets régleront la largeur des chemins d'après les localités.

Toute usurpation sur la largeur d'un chemin, sera punie d'une amende de la valeur de cinquante francs ; et le propriétaire qui aura commis l'usurpation, sera tenu sur-le-champ de rétablir les choses dans le premier état.

92. Ceux qui dégraderont les chemins, d'une manière quelconque, paieront une amende de la valeur de trente francs, et seront, en outre, tenus de réparer sans délai le dommage causé.

CHAPITRE V.

Droit de passage.

93. Le propriétaire dont les fonds sont enclavés, et qui n'a aucune issue sur un chemin, peut, à défaut de titres, réclamer un passage sur les fonds voisins pour l'exploitation de sa propriété, à la charge d'une préalable indemnité, proportionnée au dommage qu'il peut occasionner.

L'indemnité n'aura pas lieu quand le passage accordé ne sera que pour un homme de pied.

94. Le passage doit être pris du côté le plus commode pour celui qui le demande ; cependant le propriétaire qui le

CODE NAPOLÉON. Art. 682. Le propriétaire dont les fonds sont enclavés et qui n'a aucune issue sur la voie publique, peut réclamer un passage sur les fonds de ses voisins pour l'exploitation de son héritage, à la charge d'une indemnité proportionnée au dommage qu'il peut occasionner.

Art. 683. Le passage doit être régulièrement pris du côté où le trajet est le plus court du fonds enclavé à la voie publique.

Art. 684. Néanmoins il doit être fixé dans l'endroit le moins dommageable à celui sur le fonds duquel il est accordé.

Art. 685. L'action en indemnité, dans le cas prévu par l'art. 682, est prescriptible ; et le passage doit être continué, quoique l'action en indemnité ne soit plus recevable.

souffre, a le droit de l'indiquer dans la partie la moins dommageable de son fonds ; et s'il veut se clore, il peut le rejeter sur sa limite : mais , dans tous les cas, le passage accordé doit être praticable.

95. En cas de contestation, les parties pourront se pourvoir par-devant des arbitres ou par-devant le juge de paix , qui fixera le lieu du passage conformément à l'article précédent.

96. Si un fonds enclavé se divise entre plusieurs propriétaires, ils ne pourront réclamer qu'un seul et même passage, tel qu'il existait avant la division du fonds.

CHAPITRE VI.

· *Plantations.*

97. Les arbres d'essence à excéder cinq mètres ne pourront être plantés qu'à quatre mètres de distance de la limite de la propriété contiguë.

Ceux dont l'essence n'excéderait pas cinq mètres, pourront être plantés à deux mètres de distance de cette limite.

Il est permis de planter dans les haies vives, des arbres de toute essence, à la charge de ne point leur laisser excéder la hauteur de cinq mètres.

Dans les propriétés qui seront séparées par des fossés creusés conformément aux dispositions de l'article 10 de la présente loi, les propriétaires seront libres de planter toute espèce d'arbres à la distance et à la manière qui leur conviendront.

98. Si la propriété voisine est un bâtiment, les arbres d'essence à ne pas excéder cinq mètres ne pourront être plantés qu'à la distance de quatre mètres, et ceux d'essence à excéder cinq mètres ne pourront l'être qu'à celle de huit mètres.

99. Les arbustes et arbrisseaux de toute espèce (la vigne exceptée), ne pourront être plantés qu'à un mètre au moins de la limite de la propriété contiguë.

100. Dans le cas où un mur mitoyen séparerait les propriétés réciproques, les arbres et arbrisseaux de toute espèce pourront se planter aussi près du mur qu'on voudra, pourvu toutefois qu'ils n'en dépassent pas la hauteur.

101. Tout propriétaire aura le droit de couper les branches et les racines qui s'étendent de la propriété contiguë sur

CODE NAPOLÉON. Art. 671. Il n'est permis de planter des arbres de haute tige qu'à la distance prescrite par les réglemens particuliers actuellement existans ou par les usages constans et reconnus, et à défaut de réglemens et usages, qu'à la distance de deux mètres de la ligne séparative des deux héritages pour les arbres à haute tige, et à la distance d'un demi-mètre pour les autres arbres et haies vives.

Art. 672. Le voisin peut exiger que les arbres et haies plantés à une moindre distance soient arrachés. Celui sur la propriété duquel avancent les branches du voisin, peut contraindre celui-ci à couper ces branches. Si ce sont les racines qui avancent sur son héritage, il a droit de les y couper lui-même.

la sienne, pourvu qu'il en prévienne d'avance son voisin par une déclaration faite par-devant le maire.

102. Si la propriété voisine est en bois, on pourra planter ou semer des arbres de toute essence à la distance de deux mètres de la limite.

Toutefois si le propriétaire voisin venait à défricher, on serait tenu d'arracher les arbres qui ne se trouveraient pas à la distance prescrite par les articles ci-dessus.

103. Dans le cas où des circonstances particulières locales permettraient de planter tout près de la limite de la propriété contiguë, sans que celle-ci pût en recevoir aucun dommage, les distances prescrites par les articles ci-dessus seront réduites de moitié. Toutefois ces circonstances devront être légalement constatées par le maire ou celui qui en fait les fonctions, qui donnera, s'il y a lieu, son autorisation.

104. Dans le cas où quelqu'un voudrait faire une plantation dans le voisinage d'une usine à vent, son propriétaire pourra s'y opposer, si cette plantation peut être préjudiciable à son usine ; ce qui sera constaté par le juge de paix, qui se transportera sur les lieux, et fixera lui-même dans quelle direction et à quelle distance les arbres pourront être plantés pour ne point nuire à l'usine à vent du propriétaire voisin.

105. On ne pourra réclamer contre aucune plantation antérieure à la publication de la présente loi.

106. A l'avenir, nul propriétaire n'aura le droit de réclamer contre une plantation faite en contravention de la présente loi, après le terme de trois ans révolus.

107. La présente loi ne dérogera en rien aux réglemens de police des villes, où ils continueront à être exécutés comme auparavant.

CHAPITRE VII.

Bans de vendanges.

108. Les préfets pourront ordonner l'établissement des bans de vendanges, sur la demande de la majorité des propriétaires de vignes d'une commune.

109. Les maires, après avoir consulté les propriétaires de vignes, fixeront le jour de l'ouverture de la vendange.

110. Ceux qui vendangeront avant l'ouverture du ban, paieront une amende de cent francs au moins, et de quatre cents francs au plus.

111. Les vignes closes ne seront pas assujetties à la police des bans.

Art. 2, section V, loi du   octobre 1791.

CHAPITRE VIII.

Biens communaux.

112. Tous les biens connus sous la dénomination de communaux, vagues et vacans, dont l'aliénation ou le partage a été consommé en vertu de lois antérieures, resteront à leurs propriétaires actuels.

113. Tous ceux de ces biens dont le partage et l'aliénation n'ont pas été légalement faits, rentreront dans la propriété de la commune à laquelle ils appartenaient, et ne pourront désormais être aliénés qu'en vertu d'une loi rendue sur la demande du conseil de la commune, et approuvée par les autorités administratives.

114. Les biens communaux seront administrés par le conseil général de la commune et sous la surveillance des autorités administratives, conformément aux lois existantes.

115. Lorsque les communes trouveront de l'avantage à passer des baux à long terme, elles ne pourront le faire sans l'autorisation du Gouvernement.

Les baux pour neuf ans seront valables avec la simple approbation du préfet.

116. Le mode de jouissance des biens communaux, en usage dans chaque commune, ne pourra être changé que sur la demande du conseil général de la commune, revêtue de l'avis du sous-préfet et approuvée par le préfet.

117. Toutefois les autorités administratives fixeront le nombre des chevaux, ânes et mulets, vaches, bœufs, moutons, chèvres, porcs, oies et autres volailles qui, suivant la nature et l'étendue des fonds, peuvent être envoyés sur les communaux.

118. Le droit de commune sera réparti également par feu ou ménage domicilié depuis trois ans.

Les fermiers, métayers et autres représentant les propriétaires, sont toujours réputés domiciliés.

CODE NAPOLÉON. Art. 542. Les biens communaux sont ceux à la propriété ou au produit desquels les habitans d'une ou de plusieurs communes ont un droit acquis.

TITRE III.

DE LA PROPRIÉTÉ RURALE RELATIVEMENT AU GOUVERNEMENT. — POLICE RURALE.

CHAPITRE I.ᵉʳ

Compétence des Tribunaux.

SECTION I.ʳᵉ

Tribunal de la Mairie.

CODE NAPOLÉON, Art. 3. Les lois de police et de sûreté obligent tous ceux qui habitent le territoire, &c.

Art. 714. Il est des choses qui n'appartiennent à personne et dont l'usage est commun à tous : les lois de police règlent la manière d'en jouir.

119. Le maire de chaque commune, assisté de deux membres du conseil municipal, connaîtra de tous les délits ruraux que la loi punit d'une amende au‑dessous de vingt francs, et pourra adjuger à la partie plaignante des dédommagemens jusqu'à concurrence de cette somme.

120. Sur la plainte d'un propriétaire ou le dépôt du procès‑verbal d'un garde rural communal ou particulier, faits l'un et l'autre dans les vingt‑quatre heures du délit, le maire convoquera sans délai les deux membres du conseil municipal les plus imposés dans la commune.

121. En cas que le maire soit absent, malade, partie intéressée, ou s'il est parent des parties au degré proscrit par les lois, l'adjoint, ou à son défaut un membre du conseil municipal, en commençant toujours par les plus imposés, le remplacera.

122. Le maire, assisté de deux conseillers de commune, fera citer le prévenu, entendra la partie plaignante, les témoins, les défenses du prévenu, et prononcera à la pluralité des voix en séance.

Le jugement est sans appel.

Il est exécutable sans délai.

En cas de refus d'exécution, ou de retardement de la part du condamné, l'adjoint au maire le dénoncera au juge de paix, qui agira contre lui suivant les lois.

123. Le greffier inscrira le jugement sur un registre tenu à cet effet.

La demande de la partie plaignante, l'interrogation des témoins et les défenses du prévenu, se feront verbalement.

Le jugement ne donnera lieu à aucuns frais.

Une

Une copie du jugement sera affichée le dimanche le plus prochain à la porte de l'église.

124. L'adjoint du maire, ou celui qui le remplace, représentera la partie publique et poursuivra le paiement de l'amende.

Il se portera comme partie plaignante, si le délit a été commis dans des propriétés publiques et communales.

Le produit de l'amende sera versé entre les mains du percepteur, qui en donnera une reconnaissance au condamné et une au maire.

125. Si le prévenu refuse de comparaître et ne se fait pas représenter devant le tribunal de la mairie, il sera condamné par défaut.

126. Tout délit dont la punition, aux termes de la loi, est la détention ou une amende de plus de vingt francs, ou qui entraîne des dommages et intérêts qui excéderaient cette valeur, sera renvoyé par-devant le juge de paix du canton.

Section II.

Tribunal de police.

127. Le juge de paix du canton, jugeant comme tribunal de police, prononcera, sans appel , sur tous les délits dont la punition sera une amende qui n'excédera pas soixante francs , et qui ne donneront pas lieu à une détention de plus de huit jours.

Section III.

Tribunal correctionnel.

128. Tous les délits ruraux dont la punition sera une amende de plus de soixante francs ou une détention de plus de huit jours, seront renvoyés par-devant le tribunal correctionnel.

Section IV.

Cours de justice criminelle.

129. Les délits ruraux qui portent évidemment avec eux le caractère du crime, tels que *dévaster les récoltes sur pied , abattre les plants venus naturellement ou faits de main d'homme,* et autres du même genre, sont du ressort du Code criminel, et sont en conséquence renvoyés par-devant les cours de justice criminelle.

Section V.

Gardes ruraux.

130. Dans le délai d'un mois après la publication de la présente loi, il sera établi des gardes ruraux.

131. Chaque commune, avec l'autorisation du préfet, pourra avoir un ou plusieurs gardes ruraux,

Ou se réunir avec d'autres communes pour n'avoir qu'un garde,

Ou bien enfin se dispenser de l'établissement de ces gardes, soit temporairement, soit perpétuellement.

132. Les gardes ruraux devront être âgés de vingt-cinq ans au moins; ils seront nommés et pourront être révoqués par les conseils municipaux, avec l'autorisation u préfet.

Ils prêteront serment devant le juge de paix du canton, et seront installés par le maire.

Ils seront sous la surveillance particulière du maire.

133. Les gardes ruraux sont chargés de la conservation des récoltes et productions de la terre, de la surveillance de tout ce qui peut intéresser les propriétés rurales publiques et privées.

134. Le traitement des gardes ruraux, fixé par les conseils municipaux avec l'approbation du préfet, sera pris sur les deux tiers du produit des amendes; et en cas d'insuffisance, il sera complété par une contribution levée au marc le franc des contributions foncières des propriétés rurales autres que les maisons, la taxe sur les propriétés closes étant réduite au tiers.

Les gardes ruraux, en outre de leur traitement, recevront le tiers du produit des amendes.

135. Les gardes ruraux seront tenus, sous peine d'une amende fixée par le tribunal de la mairie, de requérir sans délai la transcription de la déclaration qu'ils feront de tous les délits commis sur le territoire confié à leur garde.

Cette transcription sera faite sur un registre qui restera déposé à la mairie; elle ne donnera lieu au paiement d'aucun droit, ni à aucuns frais.

Le maire sera tenu de donner connaissance, dans le plus bref délai, aux parties intéressées, de la déclaration des gardes.

136. Les gardes ruraux pourront saisir le délinquant et

le conduire devant le maire, qui agira contre lui suivant les lois.

Ils dresseront des procès-verbaux, ou feront la déclaration prescrite ci-dessus art. 135, en spécifiant la nature et les circonstances des délits et des contraventions aux réglemens de police, le temps et le lieu où ils auront été commis, et les preuves et les indices qui existeront sur les prévenus.

Ils saisiront et conduiront dans le lieu désigné par le maire, les bestiaux qu'ils trouveront sur les propriétés d'autrui.

Ils sont spécialement chargés de prévenir les incendies par tous les moyens qui sont en leur pouvoir, et de les dénoncer au maire ou à son adjoint aussitôt qu'ils en auront connaissance.

Ils dénonceront également, dans le plus bref délai, toutes les dégradations intéressant la propriété publique.

Ils pourront suivre les effets volés jusqu'aux lieux où ils auront été transportés, sans pouvoir néanmoins pénétrer dans les cours et bâtimens sans le concours des autorités publiques ou le consentement des propriétaires.

137. Pour tous les délits qui n'emportent qu'une peine pécuniaire, le délit sera prouvé par le procès-verbal ou par la déclaration des gardes ruraux.

Si les délits entraînent la peine de la détention, les tribunaux chargés de les juger pourront, suivant les circonstances, exiger que la déclaration des gardes soit appuyée par la déposition d'un témoin.

Ils admettront les motifs de récusation déterminés par les lois.

La preuve contraire ne sera admise que pour les délits qui emportent une amende de plus de vingt francs, ou qui entraînent la peine de la détention.

Elle ne sera admise en aucun cas, si la déclaration des gardes est appuyée de la déposition d'un témoin.

138. Les particuliers ont la faculté d'avoir des gardes, sans néanmoins pouvoir s'exempter de contribuer au paiement du garde communal.

Les gardes des particuliers, assermentés dans les formes prescrites ci-dessus, jouiront de tous les droits accordés aux gardes ruraux par l'article 136, tant dans les propriétés de leurs maîtres que dans les propriétés publiques, communales ou des autres particuliers.

Ils pourront, au nom des propriétaires qu'ils représentent,

dénoncer tous les faits qui intéressent les droits de la propriété confiée à leur garde.

1 39. Pour les délits qui n'emportent qu'une peine pécuniaire, le délit sera prouvé par le procès-verbal ou la déclaration des gardes des particuliers, faits dans les formes prescrites ci-dessus.

Le tribunal de la mairie, dans les délits qui sont de sa compétence, ne pourra admettre la preuve contraire ; mais la partie accusée, après avoir exécuté le jugement, sera admise à faire cette preuve dans trois jours pour tout délai, ou à présenter ses motifs de récusation devant le tribunal de police.

Le tribunal de police, prononçant sur les motifs de récusation ou sur la preuve contraire, pourra ordonner la restitution de l'amende et des dommages, et même, s'il y a lieu, condamner les gardes à une amende égale.

Dans tous les délits, quelle que soit la peine qu'ils emportent, les tribunaux de police et correctionnels admettront toujours la preuve contraire, et jugeront les motifs de récusation, à moins que la déclaration du garde ne soit appuyée de la déposition d'un témoin.

SECTION VI.

Délits ruraux.

ARTICLES PRÉLIMINAIRES.

140. Est réputé maison habitée, tout bâtiment, logement, loge, cabane, même mobile, qui sans être actuellement habitée est destinée à l'habitation, et tout ce qui en dépend, comme cours, basses-cours, granges, écuries, édifices qui y sont enfermés, quel qu'en soit l'usage, quand même ils ne seraient pas compris dans la clôture commune, jardin, enclos et parcs, quand même ils auraient une clôture particulière dans la clôture ou enceinte générale.

141. Par le nom de chemins ou voies publiques, sont désignés les chemins vicinaux ou de traverse, et même les sentiers qui conduisent aux villes, villages, hameaux, fermes, métairies ou maisons.

142. Est réputé parc ou enclos, tout terrain environné de fossés, de pieux, de claies, de planches, de haies vives ou sèches, ou de murs de quelque espèce de matériaux que ce soit, quelle que soit la hauteur, la profondeur, la

vétusté, la dégradation de ces diverses clôtures, quand il n'y aurait pas de porte fermant à clef ou autrement, ou quand elle serait à claire voie et ouverte habituellement.

143. Les parcs mobiles destinés à contenir du bétail, de quelque matière qu'ils soient faits, sont aussi réputés enclos; et lorsqu'ils tiennent aux cabanes mobiles ou autres abris destinés aux gardiens, ils sont réputés dépendans des maisons habitées.

Circonstances aggravantes.

144. Les circonstances suivantes aggravent le délit.

S'il a été commis avant le lever ou après le coucher du soleil, il emporte une peine double.

145. S'il a été commis dans un lieu clos, il emporte une peine double.

146. Si, dans le courant de l'année qui précède le jour où le délit s'est commis, le délinquant a été condamné par le même tribunal ou par tout autre pour un délit rural, il y a récidive; et la peine sera double si l'amende encourue n'excède pas vingt francs, et si la détention n'est pas de plus de trois jours.

Dans le cas où l'amende excéderait cette somme, elle sera seulement augmentée d'un quart pour la récidive, et le temps de la détention ne sera prolongé que d'un quart.

147. Quand deux ou quand les trois circonstances aggravantes ci-dessus seront réunies, la peine sera triple, et la détention pour trois jours aura lieu, quand même le délit commis n'entraînerait qu'une peine pécuniaire.

Dégâts, Dégradations, Dommages.

148. Les dégâts que les bestiaux de toute espèce laissés à l'abandon feront sur les propriétés d'autrui, soit dans l'enceinte des habitations, soit dans un enclos rural, soit dans les champs ouverts, seront payés par les personnes qui ont la jouissance et la garde des bestiaux : si elles sont insolvables, ces dégâts seront payés par le propriétaire.

Le propriétaire qui éprouvera les dommages, aura droit de saisir les bestiaux, sous l'obligation de les faire conduire, sans délai, dans le lieu désigné par le maire, et de les faire visiter par un vétérinaire.

Il sera satisfait au dégât par la vente des bestiaux, s'ils n'ont pas été réclamés dans les trois jours de leur saisie.

Les juges de paix pourront donner main-levée du

CODE NAPOLÉON. Art. 1382. Tout fait quelconque de l'homme, qui cause à autrui un dommage, oblige celui par la faute duquel il est arrivé, à le réparer.

Art. 1383. Chacun est responsable du dommage qu'il a causé non-seulement par son fait, mais encore par sa négligence ou par son imprudence.

Art. 1384. On est responsable, non-seulement du dommage que l'on cause par son propre fait, mais encore de celui qui est causé par le fait des personnes dont on doit répondre, ou des choses que l'on a sous sa garde... Les maîtres et les commettans sont responsables du dommage causé par leurs domestiques et préposés, dans les fonctions auxquelles ils les ont employés....

Art. 1385. Le propriétaire d'un animal, ou celui qui s'en sert, pendant qu'il est à son usage, est responsable du dommage que l'animal a causé, soit que l'animal fût sous sa garde, soit qu'il fût égaré ou échappé, séquestre provisoirement, en exigeant caution jusqu'à concurrence des objets saisis, et en faisant satisfaire aux frais du séquestre.

149. Le propriétaire, le détenteur ou le fermier, pourront tuer les volailles qui causeront du dégât dans leur propriété, mais seulement sur le lieu, au moment du dégât, et sans que pour cela les volailles tuées leur appartiennent.

150. Ceux qui passeront avec des bêtes de charge ou de monture sur le terrain d'autrui, s'il est ensemencé, ou qui laisseront passer leurs bestiaux sur un champ avant l'entier enlèvement de la récolte, paieront une amende de deux francs au moins, sans préjudice du dommage.

Ceux qui passeront avec charrette, voiture quelconque, ou avec tous autres objets propres à causer des dégâts dans un champ ensemencé, paieront une amende qui ne pourra être moindre de dix francs, indépendamment du dommage.

Les juges pourront condamner à une amende d'un franc, indépendamment du dommage, ceux qui auraient passé à pied dans un champ en défense.

151. Ceux qui conduiront et feront paître leurs bestiaux sur le terrain d'autrui, seront condamnés à une amende de six francs au moins et de vingt francs au plus, indépendamment du dommage.

Si ce terrain est planté en vignes, en plants ou pépinières, de quelque espèce d'arbres que ce soit, l'amende sera de quarante francs au moins, indépendamment du dommage.

Elle sera de dix francs au moins, toujours nonobstant le dommage, si les vignes ou plants d'arbres ne sont pas dans le temps de la sève.

Si les bestiaux sont gardés à vue, le gardien sera condamné à une détention de huit jours au moins et d'un mois au plus.

Il n'y aura pas lieu à la détention, si le délit a été commis dans des vignes hors du temps de la sève.

152. Les dégâts faits dans les bois des particuliers ou des communes par des bestiaux, seront punis de la manière suivante.

Il sera payé, indépendamment des dommages, des amendes comme il suit, au moins :

Si les bois ont plus de six ans,

Pour une bête à laine...............	$0^f\ 25^c$
Pour un porc......................	0. 25.
Pour une bête de somme.............	1. 00.
Pour une bête à cornes.............	1. 00.

Si les bois sont entre la seconde et la sixième année de leur croissance, au moins,

Pour une bête à laine.............. 1^f

Pour un porc.................... 1.

Pour une bête de somme............ 5.

Pour une bête à cornes............. 5.

Si les bois sont dans la première année de leur croissance, au moins,

Pour une bête à laine.............. 2^f

Pour un porc.................... 3.

Pour une bête de somme............ 10.

Pour une bête à cornes............. 10.

Si des porcs sont trouvés dans une futaie, lors de la maturité du gland ou de la faîne, il sera payé pour chacun d'eux, une amende qui ne pourra être au-dessous de trois francs.

Si des dindons sont pareillement trouvés dans des bois à l'époque ci-dessus, il sera payé, pour chacun d'eux, vingt-cinq centimes.

Si les dégâts ont été commis en présence du gardien, il sera condamné à une détention de trois jours au moins et d'un mois au plus.

153. Les marchands qui, ramenant des bestiaux des foires, leur laisseront commettre des dégâts, seront tenus de déposer, entre les mains du maire, une somme double de l'estimation du dommage, faite par des experts, ou une partie de leurs bestiaux d'une valeur équivalente, jusqu'au jugement par le tribunal compétent. Le surplus de la somme déposée par eux leur sera rendu après le paiement du dommage, de l'amende et des frais.

154. Ceux qui endommageront ou détruiront des instrumens d'agriculture quelconques laissés dans les champs, paieront une amende de dix francs au moins, indépendamment du dommage.

Ils seront punis d'une détention de quinze jours au moins et de deux mois au plus.

155. Ceux qui endommageront, de quelque façon que ce soit, des arbres, ou des haies vives semées ou plantées, paieront une amende de trois francs au moins, indépendamment du dommage.

Ils pourront être, suivant les circonstances, punis d'une détention de trois jours au moins et de huit jours au plus.

Si les arbres endommagés se trouvent plantés le long des chemins publics, la peine sera double de celle du cas précédent.

Dégradation des Clôtures sèches.

156. Ceux qui dégraderont des clôtures sèches, de quelque espèce qu'elles soient, ou combleront en tout ou en partie des fossés, paieront une amende de trois francs au moins, indépendamment du dommage; et, suivant les circonstances, ils pourront être condamnés à une détention de trois jours au moins et de huit jours au plus.

Enlèvement de Bornes, &c.

Ceux qui auront déplacé ou enlevé des bornes, pieds-corniers ou autres arbres servant de limites, comblé ou reculé des fossés servant aussi de limites, seront punis d'une détention d'un mois, qui pourra être portée à six, et, en outre, d'une amende de cinquante à deux cents francs.

Si, profitant de cet enlèvement, ils ont étendu leur culture ou leur jouissance, la peine sera double.

Dans le cas où, sans enlèvement de bornes, un propriétaire aurait étendu sa culture sur le fonds de son voisin, il sera condamné à une amende de cinquante à deux cents francs.

S'il a joui d'une ou plusieurs récoltes ou coupes de bois, il sera condamné à la restitution de leur valeur, et à une amende de deux cents francs au moins.

157. Ceux qui, sans la permission du propriétaire, et sans l'avoir préalablement indemnisé, feront des fouilles dans son terrain pour en extraire des matériaux, seront punis d'une amende de dix francs au moins et de quarante francs au plus, indépendamment des dommages.

Si les matériaux sont destinés à un ouvrage public, le juge de paix pourra autoriser leur extraction, en faisant désigner par le propriétaire ou en désignant lui-même l'endroit dans lequel doivent se faire les fouilles, et leur profondeur, et en faisant payer au préalable une indemnité convenable.

158. Ceux qui auront dégradé des chemins publics, en y apportant des terres ou des pierres, en les enlevant, en y dérivant les eaux, en comblant les fossés, en usurpant sur leur largeur, seront condamnés à la réparation du dommage, et à une amende de dix francs au moins et de trente francs au plus.

159. Ceux qui, par la rapidité de leur voiture ou de leur

monture, ou en laissant échapper des animaux, tueront ou blesseront des bestiaux, paieront le dommage causé par la mort ou la blessure des bestiaux, et pourront être condamnés à une amende proportionnée à la gravité du délit.

160. Ceux qui allumeront du feu dans les champs, plus près qu'à cent mètres des maisons, meules de grains, de paille ou de foin, vergers, haies, bois, bruyères, paieront une amende qui ne pourra être au-dessous de deux francs, indépendamment du dommage; et le délinquant sera détenu pendant huit jours au moins et un mois au plus.

Vols.

161. Ceux qui voleront les productions de la terre, les engrais, les instrumens aratoires, et autres objets servant à l'agriculture, dont la valeur n'excédera pas la somme de vingt francs, seront condamnés, indépendamment des dommages, à une amende qui ne pourra outrepasser cette somme, et, suivant la gravité des circonstances, à une détention d'un jour au moins et de huit jours au plus.

Si le vol outrepasse vingt francs, ils seront renvoyés par-devant les tribunaux ordinaires.

Ceux qui, sans circonstance aggravante, auront cueilli et mangé sur le lieu même des fruits appartenant à autrui, paieront une amende de deux francs au moins, et de dix francs au plus, sans préjudice du dédommagement dû au propriétaire.

Mesure générale.

162. Dans tous les délits ruraux où l'amende est prononcée, si le délinquant ne la paye pas dans le délai fixé, il sera détenu jusqu'à parfait paiement.

CHAPITRE II.

Sûreté et salubrité des Campagnes, &c.

163. Les maires sont chargés spécialement de veiller à tout ce qui intéresse la sûreté et la salubrité publiques, et de prendre toutes les mesures nécessitées par les circonstances.

164. Dans tous les cas d'urgence notoire et de danger imminent, tels que la rupture d'une digue destinée à retenir les eaux, des fouilles et autres travaux souterrains, des éboulemens, des inondations, des incendies, des épidémies, le maire est autorisé à prendre sur-le-champ, et aux frais

CODE NAPOLÉON. Art. 3. Les lois de police et de sûreté obligent tous ceux qui habitent le territoire.

Art. 1386. Le propriétaire d'un bâtiment est responsable du dommage causé par sa ruine, lorsqu'elle est arrivée par une suite du défaut d'entretien ou par le vice de sa construction.

de qui il appartiendra , toutes les mesures propres à faire cesser le danger.

Dans tous les cas où, conformément aux dispositions du paragraphe et de l'article qui précèdent, le maire aurait ordonné des travaux, le propriétaire sera tenu de les payer, et condamné en outre à des dommages et intérêts , s'il est constaté qu'il a pu prévoir et empêcher l'accident.

Il sera contraint au paiement de ces travaux et des dommages et intérêts , par tous les moyens de droit, et même par corps.

165. Le maire, sur la déclaration ou la plainte de quelque personne que ce soit, fera, s'il le croit convenable, décider par des experts s'il y a véritablement danger.

166. Aucune usine ou manufacture, aucun routoir ou autres établissemens, qui, par la nature de leurs produits ou de leurs opérations, peuvent porter préjudice à la sûreté ou à la salubrité publiques, ne devront être établis qu'avec le consentement des autorités administratives et locales, donné sur le rapport d'experts.

CHAPITRE III.

Des Animaux nuisibles.

SECTION I.re

Loups, &c.

167. Les préfets ordonneront, aussi souvent et dans tels lieux qu'ils le jugeront convenable, des battues contre les loups, ours, renards, blaireaux et autres animaux nuisibles à l'agriculture.

168. Ces battues seront réglées de concert avec les louvetiers, exécutées sous leur direction et sous la surveillance des agens forestiers. Les autorités municipales fixeront avec eux les jours de ces battues et le nombre d'hommes à y employer.

169. Les propriétaires qui ont un équipage ou quelque autre moyen de chasse que ce soit, peuvent être autorisés par les préfets à faire des battues particulières, en se concertant avec les agens ci-dessus.

170. Il sera dressé procès-verbal du nombre des animaux qui auront été détruits, soit dans les battues générales, soit

dans les battues particulières, soit même avec des piéges tendus dans les campagnes par les habitans.

171. Il est accordé vingt-cinq francs de prime à tout individu qui aura tué une louve pleine ; quinze francs, si c'est un loup, et six francs, si c'est un louveteau.

Ces primes seront accordées sur un certificat délivré par l'autorité municipale, constatant l'âge, le sexe, les circonstances de la mort de l'animal, et la représentation de son corps, qui devra toujours avoir lieu.

Ces primes seront payées par les préfets sur les fonds destinés spécialement à cet objet par le Gouvernement.

SECTION II.

Échenillage.

172. Les propriétaires, fermiers ou métayers, sont tenus d'écheniller, aux époques qui seront fixées par les autorités locales, tous les arbres et haies dont ils ont la jouissance, autres que ceux des bois et forêts.

Les maires feront faire l'échenillage aux frais des contrevenans, qui seront condamnés, en outre, à une amende qui ne pourra pas être au-dessous de deux francs.

SECTION III.

Hannetons, Sauterelles, &c.

173. Les autorités administratives sont autorisées à prendre, pour la destruction des hannetons, de leurs larves ou vers blancs, ainsi que pour celle des sauterelles, des campagnols et des autres animaux marchant en troupe, qui sont nuisibles aux récoltes, toutes les mesures que comporteront les circonstances.

CHAPITRE IV.

Échardonnage.

174. Dans toutes les communes de l'Empire, les autorités locales ordonneront à tous propriétaires, fermiers ou métayers, d'échardonner les terres dont ils ont la jouissance, aux époques qu'elles fixeront.

En cas de refus, les maires feront faire l'échardonnage aux frais des contrevenans.

La Commission regarde cette matière comme suffisamment traitée par la loi du 16 septembre 1807.

Desséchemens.

LOI DU 16 SEPTEMBRE 1807,

Relative au Desséchement des Marais, en 12 titres et 59 articles.

TITRE I.er — *Desséchement des Marais.*

« ART. 1.er La propriété des marais est soumise à des règles particulières. Le Gouvernement ordonnera les desséchemens qu'il jugera utiles ou nécessaires.

» 2. Les desséchemens seront exécutés par l'État ou par des concessionnaires.

» 3. Lorsqu'un marais appartiendra à un seul propriétaire, ou lorsque tous les propriétaires seront réunis, la concession du desséchement leur sera toujours accordée, s'ils se soumettent aux plans adoptés par le Gouvernement.

» 4. Lorsqu'un marais appartiendra à un propriétaire ou à une réunion de propriétaires qui ne se soumettront pas à dessécher dans les délais et selon les plans adoptés, ou qui n'exécuteront pas les conditions auxquelles ils seront soumis; lorsque les propriétaires ne se seront pas tous réunis; lorsque parmi lesdits propriétaires, il y aura une ou plusieurs communes, la concession du desséchement aura lieu en faveur des concessionnaires dont la soumission sera jugée la plus avantageuse par le Gouvernement : celles qui seraient faites par des communes propriétaires ou par un certain nombre de propriétaires réunis, seront préférées à conditions égales.

» 5. Les concessions seront faites par des décrets rendus en Conseil d'état sur des plans levés, ou sur des plans vérifiés et approuvés &c. &c.

» 6. Les plans seront levés, vérifiés et approuvés aux frais des entrepreneurs du desséchement &c. &c.

» Le plan général du marais comprendra tous les terrains qui seront présumés devoir profiter du desséchement. Chaque propriété y sera distinguée, et son étendue exactement circonscrite.

» Au plan général seront joints tous les profils et nivellemens nécessaires &c. &c. &c. »

TITRE II, *en 9 articles.*

Il traite de la fixation de l'étendue, de l'espèce et de la valeur estimative des marais avant le desséchement.

TITRE III, *en 1 article.*

Il traite des marais pendant le cours du desséchement.

TITRE IV, *en 2 articles.*

Il traite des marais après le desséchement, et de l'estimation de leur valeur.

TITRE V, *en 6 articles.*

Il fixe les règles pour le paiement des indemnités dues par les propriétaires en cas de dépossession.

TITRE VI, *en 3 articles.*

Il traite de la conservation des travaux de desséchement.

TITRE VII, *en 10 articles.*

Il traite des travaux de navigation, des routes, des ponts, des rues, places et quais dans les villes; des digues; des travaux de salubrité dans les communes.

TITRE VIII, *en 3 articles.*

Des travaux de route et de navigation, relatifs à l'exploitation des forêts et minières.

TITRE IX, *en 1 article.*

De la concession de divers objets dépendans du domaine.

TITRE X, *en 6 articles.*

De l'organisation et des attributions des commissions spéciales.

TITRE XI, *en 10 articles.*

Des indemnités aux propriétaires pour occupation de terrains.

TITRE XII et dernier, *en 2 articles.*

Dispositions générales.

CHAPITRE V.

Rizières.

175. Nul ne peut établir de rizières, qu'il n'en ait obtenu la permission du Gouvernement, sous peine contre les contrevenans, de douze cents francs d'amende au moins et de cinq mille francs au plus, de la confiscation de la récolte, et de la suppression de la rizière aux frais de celui qui l'aura établie.

176. Cette permission ne pourra être accordée que sous les conditions et les formalités suivantes :

1.º Administrer la preuve que le pays n'est susceptible d'aucune autre espèce de culture, et que les terres sont incapables de produire d'autres grains ou d'être converties en prairies ;

2.º Rapporter le consentement légal et authentique des deux tiers des propriétaires domiciliés dans la commune où l'on se propose d'établir cette culture, et de celles des communes voisines dont la rizière se trouverait limitrophe;

3.° Présenter les plans et devis des ouvrages à faire, tels que canaux, déversoirs, ponts, chaussées et autres, pour former la nouvelle rizière;

4.° Donner caution de l'entretien desdits ouvrages, et de ceux qui pourraient être jugés nécessaires, pour que, dans aucun cas, la nouvelle rizière ne puisse causer des dommages aux voisins et même au pays.

177. Il ne peut être établi de rizières à moins de deux mille mètres de distance des communes au-dessus de quinze cents habitans, de douze cents mètres des communes ayant moins de quinze cents habitans, de cent mètres des maisons éparses dans les campagnes et ne faisant pas partie de l'exploitation de la rizière, et de cinquante mètres des routes et des chemins vicinaux.

178. Dans trois ans, à compter du jour de la publication de la présente loi, les rizières qui existeraient en contravention à l'article précédent, seront supprimées, et les autres ne seront conservées qu'autant que leurs propriétaires auront rempli les formalités et conditions exigées par l'article 176 ci-dessus.

179. L'imposition foncière des terres en rizières sera toujours proportionnellement d'un quart au-dessus de l'imposition des autres terres.

CHAPITRE VI.

Étangs.

180. On nomme étang un amas d'eau retenu par des ouvrages de main d'homme.

181. Chacun peut établir des étangs dans sa propriété, pourvu qu'il ne nuise pas à autrui, et qu'il rende les eaux à leur cours naturel.

Il devra requérir de l'autorité compétente la fixation d'un niveau d'eau apparent, sur procès-verbal *de commodo vel incommodo.*

182. Lorsque deux ou plusieurs étangs versent leurs eaux les uns dans les autres, le propriétaire de l'étang supérieur ne pourra lever sa bonde lorsqu'un des propriétaires inférieurs pêchera ou sera prêt à pêcher, sous peine de tous dommages.

Le propriétaire inférieur devra, deux jours avant sa pêche, en avertir le supérieur.

CODE NAPOLÉON. Art. 524. Les objets que le propriétaire d'un fonds y a placés pour le service et l'exploitation de ce fonds, sont immeubles par destination.

Ainsi, sont immeubles par destination.....
Les poissons des étangs.

Art. 564. Les ...... poissons qui passent dans un autre étang, appartiennent au propriétaire de cet étang, pourvu qu'ils n'y aient point été attirés par fraude et artifice.

Si tous les étangs se pêchaient à la même époque, le propriétaire inférieur serait tenu de commencer, en avertissant les supérieurs deux jours à l'avance, et ainsi de suite jusqu'au dernier.

183. Les eaux d'un étang ne pourront être élevées au-dessus du repère fixé par l'autorité ou par l'usage ancien ; et si elles croissaient par inondation, le propriétaire serait tenu de les faire verser jusqu'au niveau déterminé.

184. Pendant le temps de la pêche seulement, le propriétaire d'un étang a droit de chercher et de prendre le poisson qui s'est échappé, et qui se trouverait sur la propriété d'autrui, sauf à payer les dommages qu'il causerait par cette recherche.

CHAPITRE VII.

Défrichement de Montagnes.

185. Tout propriétaire qui voudra faire un défrichement au sommet ou sur les pentes des montagnes, en fera la déclaration au préfet, en spécifiant exactement la localité, pour lui demander son autorisation.

186. Sur cette déclaration, le préfet nommera des experts qui examineront sur les lieux si le défrichement projeté peut se faire sans inconvénient, soit pour les propriétés voisines, soit pour l'intérêt général.

187. Les experts feront un rapport motivé au préfet, qui donnera ou refusera son autorisation pour le défrichement.

188. Tout individu qui ferait un défrichement de montagne sans y avoir été autorisé par le préfet, sera condamné à une amende qui ne pourra pas être au-dessous de cent francs, et au paiement de tous les dommages qui pourraient en résulter.

Bois des Particuliers.

La Commission n'a pas cru devoir s'occuper de ce qui regarde l'administration et la police des *bois des particuliers*. Elle a pensé qu'ils étaient trop peu considérables, en proportion de ceux qui sont sous la surveillance immédiate du Gouvernement, pour qu'on fît pour eux une législation à part. De plus, il est probable que la Commission ne se fût pas crue autorisée à restreindre le droit des particuliers dans les lois qu'elle eût proposées pour l'administration et l'exploitation de leurs bois ; de sorte que, partant de bases et de principes différens, il aurait pu se trouver des disparates dans des objets de même nature et qui semblent devoir être soumis à un régime semblable.

CHAPITRE VIII.

Maladies des Bestiaux.

Section Ire

Définition.

189. Est appelée maladie épizootique, celle qui affecte, de la même manière et dans le même temps, un grand nombre d'animaux d'une ou de plusieurs communes, sans cause évidente.

190. Est appelée maladie enzootique, celle qui attaque les animaux d'un ou de plusieurs cantons, à des époques périodiques, et dont les causes sont connues ou présumées.

191. Est appelée maladie contagieuse, celle qui peut se communiquer d'un animal à un autre, soit de la même espèce, soit d'espèce différente, par le contact.

192. La maladie peut être en même temps épizootique et contagieuse, ou enzootique et contagieuse; et dans les deux cas, les mesures prescrites pour l'une ou l'autre de ces maladies seront exécutées simultanément.

Mesures préliminaires.

193. Dès qu'une maladie se manifeste de la même manière sur plusieurs animaux de même espèce ou d'espèce différente, dans une même commune et dans le même temps, le maire est tenu de faire examiner, en sa présence, par un vétérinaire, les animaux malades, pour juger de la nature de la maladie.

194. La maladie étant reconnue et déclarée, par le vétérinaire, être épizootique, ou enzootique, ou contagieuse, tous les propriétaires d'animaux sont tenus de faire la déclaration du nombre que chacun en possède, au maire de la commune, lequel en donnera avis sur-le-champ au sous-préfet et au préfet; et il deviendra personnellement responsable de tous les dommages qui pourraient résulter de sa négligence à cet égard.

195. Le sous-préfet prendra à l'instant les mesures nécessaires pour que les animaux des communes attaquées par la maladie, soient visités, au moins deux fois la semaine, par un vétérinaire.

196.

196. Les propriétaires qui ne feront pas la déclaration exigée par l'article 194, seront condamnés à une amende de vingt-cinq francs au moins ; et le maire sera autorisé à faire constater, à leurs frais, le nombre des animaux qu'ils possèdent.

197. Lors de cette visite, les animaux reconnus affectés de la maladie seront séquestrés sur-le-champ aux frais des propriétaires, lesquels seront condamnés, dans ce cas, à une amende double de celle portée en l'article 196.

198. Les vétérinaires qui auraient été appelés par des particuliers pour visiter des animaux, et qui les auraient reconnus attaqués de la maladie, seront obligés, si elle n'est pas déjà officiellement constatée, d'en faire sur-le-champ leur déclaration au maire de la commune, sous peine d'une amende qui ne pourra être moindre de cinquante francs.

SECTION II.

Maladies contagieuses aiguës.

199. Dans le cas de maladies contagieuses aiguës, le préfet s'entendra avec les chefs de la force armée, pour placer, par-tout où il le croira nécessaire, des cordons de troupes pour empêcher les communications.

200. Il sera placé sur chacun des chemins qui arrivent à une commune où régnera la maladie, des poteaux de trois mètres de hauteur, au haut desquels sera attachée une traverse, sur laquelle on inscrira en gros caractères : *Maladie contagieuse sur les bestiaux.*

201. Les préfets auront le droit de fermer les marchés de bestiaux pendant la durée de la maladie, sauf à eux à prendre des mesures pour approvisionner les boucheries.

Dans le cas où ils ne jugeraient pas devoir faire fermer les marchés, ils pourront faire visiter les bestiaux qui y seront amenés, par tel nombre de vétérinaires jugé convenable.

202. Les autorités locales, de concert avec les sous-préfets et les préfets, fixeront des routes pour le passage des bestiaux des différentes communes, de manière que les uns ne se rencontrent pas avec les autres ; et ces routes seront indiquées par des poteaux.

203. Tous les bestiaux qui seraient trouvés sur les chemins, en contravention à l'article précédent, seront saisis et les conducteurs condamnés à huit jours de détention.

G

Les propriétaires seront passibles d'une amende qui ne pourra être au-dessous de cinquante francs.

204. Pendant toute la durée de la maladie, les bestiaux qui seront en parc ne pourront en sortir; ceux qui seront dans les étables, ne pourront également en sortir, si ce n'est pour aller au parc, où ils resteront.

Les animaux sains pourront néanmoins sortir, après avoir été visités, pour être conduits aux boucheries.

205. Il ne pourra être envoyé de bestiaux dans les communaux, aux abreuvoirs et lieux de rassemblement, pendant la durée de la maladie.

Ceux qui seront trouvés en contravention, seront arrêtés et visités.

206. Les bestiaux reconnus malades seront tués et enfouis, ainsi qu'il est ordonné par l'article 210 ci-après.

Les bestiaux sains seront abattus et salés, s'ils ne peuvent être consommés sur-le-champ.

207. Les bêtes mortes ne seront point traînées sur terre au lieu de l'enfouissement. Elles y seront transportées sur une charrette ou un tombereau, et de manière qu'elles ne laissent échapper, par les issues naturelles, aucune matière quelconque.

208. Les animaux morts de la maladie seront enfouis sans être dépouillés, et leurs peaux tailladées en plusieurs endroits.

209. Le transport et l'enfouissement seront faits à la diligence des autorités locales, immédiatement après la mort des animaux, et aux frais de la commune.

Dans le cas où cette dépense ne pourrait pas être faite par la commune, sur ses revenus ordinaires, il y sera pourvu extraordinairement par le préfet.

210. La fosse sera assez profonde et assez large pour qu'après avoir été comblée, les animaux morts se trouvent recouverts d'un mètre de terre battue, foulée, et sur laquelle on mettra, s'il est possible, des pierres et des branchages.

211. Si la maladie tue plusieurs animaux par jour, la fosse devra être comblée et renouvelée tous les jours.

Si les animaux meurent en petit nombre et de loin en loin, il sera fait une fosse pour chacun.

212. La fosse ne pourra pas être à moins de deux cents mètres de la commune.

Elle sera placée, autant qu'il sera possible, dans un lieu

inculte, éloigné des routes et chemins vicinaux, et plutôt au nord et à l'est qu'au sud et à l'ouest.

213. Ceux qui seront reconnus avoir déterré des animaux pour en enlever les peaux ou faire usage de la viande; ceux qui auront acheté cette viande ou fait usage de ces peaux, seront poursuivis et condamnés à une amende qui ne sera pas au-dessous de cinquante francs, et à un mois de détention.

214. Pendant la durée de la maladie, les chiens seront tenus à l'attache, et ceux qui seront vagans, tués.

215. Les bouchers et aubergistes ne pourront acheter ni tuer des animaux provenant des communes infectées par la maladie, avant la déclaration officielle indiquée dans l'article 218 ci-après.

Les animaux qu'ils ameneront d'ailleurs, ne pourront être abattus sans avoir été préalablement visités et reconnus sains par le vétérinaire, en présence du maire, sous peine de cent francs d'amende au moins.

216. Aussitôt après la cessation de la maladie chez un propriétaire, il sera tenu de faire enlever des écuries, étables, bergeries, cours et rues adjacentes, les litières, fumiers et autres immondices provenant des animaux.

Ils seront transportés avec les mêmes précautions ordonnées par l'article 207, et ne pourront être employés comme engrais, qu'autant qu'ils seront sur-le-champ recouverts et enfouis par un labour.

217. Les propriétaires qui n'emploieront pas ces fumiers comme engrais, en se conformant à l'article précédent, seront tenus de les faire enfouir conformément à l'article 212, sous peine de vingt-cinq francs d'amende pour chaque jour de retard, et de tous les frais qu'occasionnera l'enfouissement de ces fumiers, qui sera ordonné par le maire.

218. Les bestiaux ne pourront quitter leurs étables, parcs ou cantonnemens, que la maladie n'ait été officiellement déclarée ne plus exister.

219. Les terres sur lesquelles les animaux auront parqué, seront labourées et retournées avec des animaux d'espèces différentes de ceux qui auront été attaqués de la maladie; et, dans le cas où il n'y en aurait point, elles le seront ou à la bêche, ou à la houe, ou à la pioche.

Cette opération sera faite dans le mois de la cessation de la maladie.

220. Chaque propriétaire sera tenu de faire nettoyer et

laver à fond tous les ustensiles, auges, râteliers, murs et pavés des bergeries, écuries, étables et cours.

221. Si les écuries, étables et bergeries ne sont point pavées, il sera enlevé une couche de terre du sol de l'épaisseur de dix-huit centimètres, laquelle sera transportée et enfouie, comme il est dit aux articles 216 et 217, et sera remplacée par de la terre franche ou salpêtre, qu'on aura soin de bien battre.

222. Si le sol est mal pavé et les murs en mauvais état, le pavé sera enlevé et rétabli, après avoir été lavé et les murs recrépis.

223. Immédiatement après ce nettoiement, il sera fait dans les écuries, étables et bergeries, des fumigations, soit avec l'acide muriatique, soit avec l'acide nitrique, d'après les procédés connus et indiqués par les vétérinaires.

224. Il ne sera remis aucun animal dans les écuries, étables et bergeries, qu'au préalable les précautions ci-dessus n'aient été prises et constatées par un vétérinaire.

225. Les vétérinaires et autres personnes qui approcheront des animaux sains et malades, prendront toutes les précautions nécessaires pour empêcher la communication des maladies, soit par leurs habillemens, soit par leurs attouchemens, soit de toute autre manière.

226. Pendant toute la durée des maladies contagieuses aiguës, tout maige, marcaire, charlatan, guérisseur, mendiant et autres gens sans aveu, qui seront reconnus avoir traité les animaux malades, ou qui seront trouvés dans les étables, écuries et bergeries, seront emprisonnés jusqu'après la cessation de la maladie.

Claveau.

227. Lorsque le claveau sera reconnu exister dans un troupeau, le propriétaire sera tenu d'en faire sur-le-champ sa déclaration au maire de sa commune, qui assemblera les autres propriétaires de troupeaux de la même commune.

228. Ces propriétaires fixeront le cantonnement que doit occuper le troupeau malade, et ceux que doivent occuper les troupeaux sains; de manière que dans aucun cas et pendant toute la durée de la maladie, les uns et les autres ne puissent passer sur les mêmes routes.

229. Lorsqu'un propriétaire aura un clos assez étendu pour y mettre son troupeau, il sera obligé de l'y retenir pendant toute la durée de la maladie.

230. Le parc de son troupeau malade ne pourra être placé à moins de cent mètres des grandes routes et cinquante mètres des chemins vicinaux.

231. Le maire de la commune sera tenu de faire connaître sur-le-champ, aux maires des communes limitrophes, l'existence de la maladie et les cantonnemens prescrits.

232. Dans le cas où les troupeaux d'une ou de plusieurs communes seraient forcés d'aller au même abreuvoir, ceux attaqués de la maladie ne pourront y aller qu'après les autres, et seulement aux heures et par les chemins qui seront indiqués.

233. Les animaux morts du claveau seront enfouis avec leurs peaux et toisons.

234. Les mesures prescrites par les articles ci-dessus auront leur exécution pendant trois mois, temps ordinaire de la durée du claveau.

Toutes les autres mesures relatives aux épizooties aiguës, auxquelles il n'est point dérogé par ces mêmes articles, sont applicables au claveau, et seront exécutées ainsi qu'il est ordonné.

Rage.

235. Les animaux qui auront été mordus par une bête qui sera reconnue attaquée de la rage, seront séquestrés pendant un délai qui ne pourra être moindre de quarante jours.

La déclaration en sera faite au maire, sous peine de cinquante francs d'amende.

236. Ils ne pourront être exposés dans les lieux et marchés publics, ni être vendus pour la boucherie, avant un délai qui ne sera pas au-dessous de trois mois, sous peine, par les contrevenans, de cent francs d'amende au moins, ainsi qu'il est prescrit à l'article 215.

SECTION III.

Maladies contagieuses chroniques.

Morve.

237. Le propriétaire dont un ou plusieurs chevaux, ânes ou mulets, auraient un écoulement par les naseaux, sera tenu de les faire visiter de suite par un vétérinaire, qui en constatera la nature.

338. S'il a les caractères de la morve, le propriétaire et

le vétérinaire seront tenus, sous peine de vingt-cinq francs d'amende par chaque cheval, âne ou mulet, d'en faire sur-le-champ leur déclaration au maire de la commune, à l'effet par lui d'ordonner et de surveiller les mesures prescrites dans les articles suivans.

239. Dans le cas où les propriétaires ne se conformeraient pas aux articles ci-dessus, et où les autorités constituées et les juges de paix en auraient connaissance, ils sont autorisés à nommer d'office un ou plusieurs vétérinaires, suivant le nombre des animaux, pour faire la visite prescrite.

240. Dans le cas où le vétérinaire déclarerait que la maladie est encore susceptible de traitement et de guérison, les animaux seront séquestrés, et ne pourront avoir communication avec aucun autre jusqu'à parfaite guérison, laquelle sera constatée par un procès-verbal dressé par le vétérinaire.

241. Lorsque le vétérinaire déclarera que la maladie est confirmée et incurable, ou qu'elle le sera devenue dans le cours du traitement, l'animal sera abattu.

242. L'abattage se fera en assommant les animaux, ou de toute autre manière qui ne donnera pas lieu à effusion de sang.

243. En cas de contestation de la part du propriétaire, il sera autorisé à choisir un vétérinaire, lequel examinera, contradictoirement avec celui qui a été nommé par l'autorité, l'animal malade.

244. Si les deux experts sont d'un avis contraire, il en sera nommé un troisième d'office par l'autorité qui avait ordonné la première visite, laquelle autorité statuera sans aucun délai, d'après la décision portée par le troisième expert.

245. Les visites seront faites dans trois jours pour tout délai, pendant lesquels l'animal restera en séquestre, le tout aux risques et périls, et sous la responsabilité personnelle du propriétaire.

246. L'enfouissement sera fait à la diligence des autorités locales et aux frais des propriétaires, conformément aux articles 210 et 212 de la présente loi, sauf le dépouillement du cuir, autorisé par l'article 252 ci-après.

247. Tout individu qui sera reconnu avoir soustrait, vendu, détourné ou fait travailler un animal qui serait dans le cas des articles ci-dessus relatifs à la morve, sera condamné à une amende qui ne pourra être au-dessous de cent francs.

248. Les aubergistes, cabaretiers, hôteliers et autres

gens qui prennent des chevaux à l'attache, qui recevraient des chevaux, ânes ou mulets atteints ou soupçonnés de la morve, et qui n'en feraient pas leur déclaration de suite, seront condamnés à une amende qui ne pourra être au-dessous de vingt-cinq francs.

249. Les préfets, les commissaires généraux de police et les maires sont spécialement chargés de faire visiter par un vétérinaire, et aussi souvent qu'ils le jugeront convenable, les écuries des auberges, hôtelleries, messageries, voitures publiques, les marchés et autres lieux de rassemblement de chevaux, ânes ou mulets, et à prendre ou surveiller les mesures indiquées dans les articles précédens, relatifs à la morve.

Farcin et Gale.

250. Quoique le farcin et la gale n'entraînent pas toujours les mêmes inconvéniens que la morve, cependant ces maladies étant contagieuses, les animaux qui en seront atteints seront visités à la diligence des autorités locales, pour être pris à leur égard, s'il y a lieu, les mesures prescrites par les articles 238, 239, 240, 241, 242, 243, 244, 245.

251. Les autorités constituées veilleront à ce que les écuries où ont séjourné des animaux attaqués de maladies contagieuses chroniques, les ustensiles et les harnais à leur usage, soient nettoyés, purifiés et désinfectés, conformément aux instructions relatives à ces maladies, et à ce qui est prescrit par les articles 220, 221, 222, 223 et 224 de la section des *Maladies contagieuses aiguës.*

252. Les animaux morts de maladies contagieuses chroniques, pourront être dépouillés; mais leurs peaux ne seront mises dans le commerce qu'après avoir été préalablement salées ou passées à la chaux. Cette mesure sera constatée par un certificat du maire; et les contrevenans seront punis par la saisie et confiscation des cuirs, et par une amende qui ne pourra être au-dessous de dix francs par cuir.

253. Les juges de paix, les maires et adjoints, la gendarmerie et les gardes ruraux sont autorisés à arrêter tous les chevaux, ânes ou mulets qu'ils trouveront, dans l'étendue de leur ressort, être affectés de quelqu'un des symptômes des maladies contagieuses; et ils seront tenus de faire procéder sans délai aux visites prescrites par l'article 193.

Section IV.

Mesures générales.

254. Les propriétaires ou autres individus qui jetteront les bêtes mortes dans les rivières, dans les mares, à la voirie, dans les bois et les chemins; ceux qui les enterreront furtivement dans les étables, cours, et ailleurs que dans les endroits déterminés, seront poursuivis et condamnés à une amende qui ne sera pas au-dessous de cent francs.

255. Il est défendu de vendre et d'exposer en vente aucun animal atteint ou suspecté de maladies contagieuses, sous peine de confiscation et de l'abattage de l'animal, s'il y a lieu, d'une amende qui ne pourra être au-dessous de deux cents francs, et de quinze jours de détention : la peine sera double pour les écarrisseurs.

256. Les amendes encourues en conséquence des articles ci-dessus seront payées sans déport par les délinquans; et la contrainte par corps pourra être décernée contre eux par les autorités qui auront appliqué l'amende.

257. Les visites ordonnées par la présente loi ne pourront être faites que par des vétérinaires reconnus en état d'exercer, d'après les brevets qu'ils auront obtenus des écoles vétérinaires.

258. Tout vétérinaire requis par une autorité constituée pour faire les visites prescrites, ne pourra s'y refuser, sous peine d'une amende, qui ne sera pas au-dessous de vingt-cinq francs.

259. Lorsque le maire le jugera nécessaire, il pourra requérir la gendarmerie ou toute autre force armée, pour se faire accompagner dans les visites que doit faire le vétérinaire, auxquelles il est tenu d'assister.

260. Aucun propriétaire ne pourra refuser l'entrée de ses écuries, étables et bergeries, pour procéder auxdites visites, dans quelque cas que ce soit, sous peine de cinquante francs d'amende.

261. Toute personne est autorisée à faire connaître les contraventions qui seraient faites aux dispositions des articles de la présente loi sur les maladies des animaux; et lorsque les contraventions auront été bien et dûment constatées, la moitié des amendes prononcées appartiendra à la personne qui les aura fait connaître, et il pourra lui être accordé en

outre

outre une gratification proportionnée à l'importance de l'objet.

262. Les animaux et les bestiaux morts de maladies ordinaires devront être enfouis dans les vingt-quatre heures par les propriétaires et sur leur terrain, ou voiturés par eux dans l'endroit désigné par la municipalité, sous peine d'une amende qui ne sera pas au-dessous de deux francs, et des frais de transport et d'enfouissement.

Si les animaux n'ont point de propriétaire connu, l'enfouissement sera fait conformément aux dispositions de l'article 209.

Section V.

Maladies redhibitoires.

263. Outre les maladies contagieuses indiquées dans la présente loi, qui défend, par l'article 255, la vente des animaux qui en sont atteints, sont réputés maladies redhibitoires, aux termes de l'article 1641 du Code Napoléon, le cornage, l'immobilité, l'épilepsie ou mal caduc, la boiterie de vieux mal, la fluxion périodique, la phthisie pulmonaire, connue vulgairement dans les chevaux sous le nom de vieille courbature, et dans les vaches sous le nom de pomelière, l'espèce de tic dans laquelle les dents ne sont point usées, et les autres vices ou maladies dont les symptômes n'auraient pu être constatés lors de l'achat.

Ne peuvent plus être réputées maladies redhibitoires, la pousse et la courbature, dont les symptômes sont toujours évidens.

264. Conformément à l'article 1648 du Code Napoléon, qui veut que l'action redhibitoire soit intentée dans un délai relatif à la nature des vices redhibitoires, le délai ordinaire pour la garantie est fixé à neuf jours.

Le délai pour la boiterie de vieux mal est fixé à vingt jours.

Le délai pour l'épilepsie et la fluxion périodique est fixé à un mois.

265. La garantie ne pourra avoir lieu pour les animaux dont la valeur n'excédera pas cinquante francs.

Code Napoléon. Art. 1641. Le vendeur est tenu de la garantie, à raison des défauts cachés de la chose vendue qui la rendent impropre à l'usage auquel on la destine, ou qui diminuent tellement cet usage, que l'acheteur ne l'aurait pas acquise, ou n'en aurait donné qu'un moindre prix, s'il les avait connus.

Art. 1642. Le vendeur n'est pas tenu des vices apparens et dont l'acheteur a pu se convaincre lui-même.

Art. 1643. Il est tenu des vices cachés, quand même il ne les aurait pas connus, à moins que dans ce cas il n'ait stipulé qu'il ne sera obligé à aucune garantie.

Art. 1644. Dans le cas des articles 1641 et 1643, l'acheteur a le choix de rendre la chose et de se faire restituer le prix, ou de garder la chose et de se faire rendre une partie du prix, telle qu'elle sera arbitrée par experts.

Art. 1645. Si le vendeur connaissait les vices de la chose, il est tenu, outre la restitution du prix qu'il en aura reçu, de tous les dommages et intérêts envers l'acheteur.

Art. 1646. Si le vendeur ignorait les vices de la chose, il ne sera tenu qu'à la restitution du prix, et à rembourser à l'acquéreur les frais occasionnés par la vente.

Art. 1647. Si la chose qui avait des vices a péri par suite de sa mauvaise qualité, la perte est pour le vendeur, qui sera tenu envers l'acheteur à la restitution du prix, et aux autres dédommagemens expliqués dans les deux articles précédens. Mais la perte arrivée par cas fortuit sera pour le compte de l'acheteur.

Art. 1648. L'action résultant des vices redhibitoires doit être intentée par l'acquéreur dans un bref délai, suivant la nature des vices redhibitoires et l'usage du lieu où la vente a été faite.

Art. 1649. Elle n'a pas lieu dans les ventes faites par autorité de justice.

CHAPITRE IX.

Pêche.

266. La pêche, dans les rivières navigables et flottables, appartient au Gouvernement.

267. La pêche, dans les rivières non navigables et non flottables, appartient aux propriétaires riverains, sauf la restriction portée en l'article 272 ci-après.

268. Tout individu qui ne serait pas propriétaire, et tout propriétaire riverain, hors des limites de sa propriété, ne peut pêcher, de quelque manière que ce soit, sans y être autorisé

269. Il est défendu de jeter dans l'eau aucune substance qui puisse nuire au poisson ou le détruire, sous peine, si le contrevenant est propriétaire riverain, d'interdiction de son droit de pêche pendant un an au moins et trois ans au plus, et contre tout autre individu, de vingt-cinq francs d'amende et de huit jours de détention, et du double en cas de récidive.

270. Il est défendu de pêcher pendant la nuit, et d'employer aucun moyen de prendre du poisson pendant le temps du frai, lequel est fixé, pour la truite, depuis le 1.er février jusqu'au 15 mars, et, pour toute autre espèce de poisson, depuis le 1.er avril jusqu'au 1.er juin; à peine, contre les propriétaires qui seraient pris en contravention, d'interdiction de leur droit de pêche pendant un an, et contre tout autre individu, de dix francs d'amende, trois jours de détention, et du double en cas de récidive.

271. Il est défendu, sous les mêmes peines que celles qui sont portées en l'article précédent, de pêcher avec toute espèce d'engins qui tendraient au dépeuplement des rivières.

Les autorités administratives feront à ce sujet tous les réglemens qu'elles jugeront convenables, soit pour empêcher le dépeuplement des rivières, soit pour assurer à chaque propriétaire la libre et égale jouissance de son droit.

272. Personne ne peut pêcher, s'il n'est riverain, et s'il n'est propriétaire dans la commune de cinq hectares de terre au moins.

CHAPITRE X.

Chasse.

273. Tout propriétaire a le droit de détruire sur son

CODE NAPOLÉON. Art. 715. La faculté de chasser ou de pêcher est réglée par des lois particulières.

CODE NAPOLÉON. Art. 715. La faculté de chasser ou de pêcher est réglée par des lois particulières.

terrain les animaux qui peuvent nuire à ses récoltes, en se conformant aux lois et réglemens sur le port d'armes, à l'article 23 du présent Code sur les pigeons bisets, et aux dispositions ci-après relatives à la chasse.

274. Tout individu muni d'un port d'armes et possédant au moins cinquante hectares de terre dans le même canton, a le droit de chasser.

275. Nul ne peut exercer ce droit sur le terrain d'autrui, sans le consentement du propriétaire, sous peine d'une amende de vingt francs et du paiement des dommages, s'il y a lieu.

276. Les propriétaires ayant droit de chasse ne peuvent en user sur les terres ensemencées et les prairies depuis le 1.ᵉʳ mars jusqu'à la dépouille, et dans les vignes jusqu'après la vendange, sous les mêmes peines portées en l'article précédent.

Les autorités locales, suivant les circonstances, peuvent avancer ou retarder l'époque de cette défense.

277. Les propriétaires peuvent chasser en tout temps dans leurs bois, lacs et étangs, et dans toutes leurs propriétés closes.

278. Les louvetiers se conformeront, pour les chasses ordonnées par le Gouvernement contre les animaux nuisibles, à celles des dispositions de la présente loi qui peuvent les concerner.

279. Dans les biens communaux qui en sont susceptibles par leur étendue, le droit de chasse sera affermé.

280. Les armes des chasseurs pris en contravention aux dispositions de la présente loi seront confisquées.

Les Membres de la Commission chargée de rédiger le présent Projet de Code rural, signé HUZARD, TESSIER, L. DE DIVONNE ; JUST DE LA TOURETTE, *Commissaire rédacteur.*

TABLE

DU

PROJET DE CODE RURAL.

Décret du 19 mai 1808...................................... Page 3.
Discours préliminaire.. 5.
Disposition préliminaire..................................... 11.

TITRE I.er

De la Propriété rurale considérée pour chaque Propriétaire seulement.

CHAP. I.er   *Assolement, récoltes*............................... 11.

CHAP. II.   *Parcours et vaine pâture*........................... 12.

CHAP. III.   *Glanage, grapillage, râtelage et chaumage*............ Ibid.

CHAP. IV.   *Clôtures*... Ibid.

CHAP. V.   *Domestiques et ouvriers*........................... 13.

CHAP. VI.   *Pigeons bisets*.................................... 14.

CHAP. VII.   *Des animaux et des objets immeubles insaisissables, &c*... Ibid.

      Vers à soie..................................... 15.

      Essaims.. Ibid.

CHAP. VIII. *Chèvres*.. 16.

TITRE II.

De la Propriété rurale considérée pour tous les Propriétaires entre eux.

CHAP. I.er   *Échanges*.. 17.

CHAP. II.   *Bornage*... 18.

CHAP. III. *Cours d'eau*.................................. Page 18.

   SECT. Ire *Des sources*................................ Ibid.

   SECT. II. *De la propriété du lit des cours d'eau*............. 19.

   SECT. III. *De la jouissance des eaux*...................... 21.

   SECT. IV. *De la police des eaux*.......................... 22.

   SECT. V. *Des travaux qui intéressent plusieurs propriétaires*........ 24.

CHAP. IV. *Chemins vicinaux*............................ Ibid.

   SECT. Ire *Réparations*.............................. Ibid.

   SECT. II. *Police*.................................... 28.

CHAP. V. *Droit de passage*............................. Ibid.

CHAP. VI. *Plantations*................................ 29.

CHAP. VII. *Bans de vendanges*......................... 30.

CHAP. VIII. *Biens communaux*......................... 31.

TITRE III.

De la Propriété rurale relativement au Gouvernement. —
Police rurale.

CHAP. Ier *Compétence des tribunaux*.................... 32.

   SECT. Ire *Tribunal de la mairie*...................... Ibid.

   SECT. II. *Tribunal de police*.......................... 33.

   SECT. III. *Tribunal correctionnel*..................... Ibid.

   SECT. IV. *Cour de justice criminelle*.................. Ibid.

   SECT. V. *Gardes ruraux*............................. 34.

   SECT. VI. *Délits ruraux*............................. 36.

      Articles préliminaires..................... Ibid.

      Circonstances aggravantes.................. 37.

      Dégâts, dégradations, dommages............ Ibid.

      Dégradations des clôtures sèches.............. 40.

      Enlèvement des bornes.................... Ibid.

      Vols.................................. 41.

      Mesures générales........................ Ibid.

CHAP. II. *Sûreté et salubrité des campagnes*............................ Page 41.

CHAP. III. *Des animaux nuisibles*.. .... 42.

   SECT. I.ʳᵉ *Loups, &c*... Ibid.

   SECT. II. *Échenillage*....................................... 43.

   SECT. III. *Hannetons, Sauterelles, &c*...................... Ibid.

CHAP. IV. *Échardonnage*.. Ibid.

         Desséchemens.. 44.

CHAP. V. *Rizières*.. 45.

CHAP. VI. *Étangs*.. 46.

CHAP. VII. *Défrichemens de montagnes*................................. 47.

         Bois des particuliers....................................... Ibid.

CHAP. VIII. *Maladies des bestiaux*...................................... 48.

   SECT. I.ʳᵉ *Définition*....................................... Ibid.

         Mesures préliminaires.................................... Ibid.

   SECT. II. *Maladies contagieuses aiguës*.................... 49.

         Claveau... 52.

         Rage.. 53.

   SECT. III. *Maladies contagieuses chroniques*................ Ibid.

         Morve.. Ibid.

         Farcin et gale... 55.

   SECT. IV. *Mesures générales*............................... 56.

   SECT. V. *Maladies redhibitoires*........................... 57.

CHAP. IX. *Pêche*.. 58.

CHAP. X. *Chasse*.. Ibid.

FIN DE LA TABLE.

9 782329 306162